香海文化

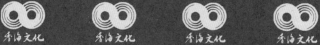

和自己競賽

迷悟之間⑥

典藏版

香海文化

總序

從二〇〇〇年四月一日開始，我每日提供一篇「迷悟之間」的短文給《人間福報》，寫了近四年，共一一二四篇。今香海文化將之結集編成十二本書，出版在即，向我索取一篇總序。

這兩三年來陸續結集的前六集《迷悟之間》，截至目前發行量已近兩百萬冊。每集皆獲得熱烈的迴響，如：持續被金石堂、誠品等大書局列為暢銷書排行榜；榮獲國軍指定為優良讀物；諾貝爾文學獎得主高行健先生，和三十一所高中校長聯合推薦，以及許多讀書會以此書作為研讀討論的教材、不少學生因看了《迷悟之間》而提升寫作能力等等。

由於此書具有人間性和普遍性，也深受海外人士的喜愛，除了中文版，其他國家語言的版本有：英文、德文、西班牙文、韓文、日文……，全球各種譯本的發行量突破了五十萬冊。尤其難得的，中國大陸已有多家出版社來洽談《迷悟之間》與《佛光菜根譚》之版權授與事宜，相信不久，這些著作也能在中國大陸正式出版發行。

曾有幾位作家疑惑的問我：「每日一篇的專欄，要持續三、四年，實非易事！您又雲水行腳，法務倥傯，是怎麼做到的呢？」

回顧這些年寫《迷悟之間》的情形，確實，我一年到頭在四處弘法，極少有完整的、特定的寫作時間。有時利用會議或活動前的少許空檔，完成一、兩篇；有時在跑香、行進間，思緒隨著腳步不停的流動；長途旅行時，飛機艙、車廂裡，更常是我思考、寫作的好場所。

每天見報，是一種不可推卸的責任；讀者的期待，則是不忍辜負的使命。雖然不見得如陸機的〈文賦〉所言「思風發於胸臆，言泉流於唇齒」，但因平時養成讀書、思考的習慣，加上心中恆存對國家社會、宇宙人生、自然生命、生活現象、人事問題等等的留意與關懷，所以，寫這些文章並不是太困難的事。倒是篇數寫多了，想「題目」成了最讓我費心的！因此，每當集會、閒談時，我就請弟子們或學生們腦力激盪，提出各種題目。只要題目有了，我稍作思考，往往只要三、五分鐘，頂多二十分鐘，就能完成一篇或講理述事、或談事論理的文章。

在此也要說明，由於年紀大了，我的右手常會顫抖，握筆不易，這一千餘則的文章大都是由我口述，弟子滿義等紀錄。尤其滿義認真耐煩，擔任書記工作十多年，熟悉我的口音，也比較明白我所要表達的內涵。他交過來的稿子，我常是稍作修潤即可付印。

猶記當初為此專欄定名時，第一個想到的名稱是「正邪之間」，繼而一想，「正邪」二字，無論是文字或意涵，都嫌極端與偏頗，實在不符合佛教的中道的精神，遂改為「迷悟之間」。我們一生當中，誰不曾迷？誰不曾悟？迷惑時，無明生起，煩惱痛苦；覺悟後，心開意解，歡喜自在。

曾經有些讀者因為看了《迷悟之間》而戒掉嚼檳榔、賭博、酗酒的壞習慣；也有人因讀了《迷悟之間》而心性變柔軟，能體貼他人，或改善家庭生活品質，甚至有人因而打消自殺的念頭，凡此，都是令人欣慰的迴響。

《六祖壇經》裡寫道：「不悟，佛是眾生；一念轉悟，眾生是佛。」迷與悟，常常只在一念之間！祈願這一千餘篇的短文，能輕輕點撥每個人本自具足的清淨佛性，讓閱讀者皆能轉迷為悟、轉苦為樂、轉凡為聖。

二〇〇四年七月　於佛光山法堂

編者序

◎蔡孟樺

星雲大師著作等身，作品除佛學理論與佛教哲學為主，也有純文學和散文類的創作，可說大師是一位融和世出世法、貫通古今人世、獨具慧眼觀瞻、了達宗教行解的文學大家。

《迷悟之間》曾是星雲大師所創辦之《人間福報》的頭版專欄，每篇針對人世間的「迷」與「悟」，剖析社會問題的癥結，以及人心的種種善惡好壞。主題充滿多元性，不論是個人的立身處世、勵志修行，到居家的親子之道、婆媳相處或家庭倫理，亦有對社會時事的評析，對世界和平的建言，尤其是人生哲學、信仰生活、佛法義理、自然生命等，大師都有其充滿智慧的洞見與深具新意的觀點。

有人這麼描述自己閱讀大師《迷悟之間》的心情：

我每日早上起床，就會先到門外將《人間福報》收到房裡，然後迫不及待地先將星雲大師「迷悟之間」專欄默讀一遍。在漱洗清潔後，把早餐準備好，就和先生一起邊喝著咖啡，邊談「迷悟之間」的義理哲思。在出門之前，我會陪小孩朗誦一篇「迷悟之間」，期許孩子將大師的話作為一日思想的準依。每日就在「迷悟之間三部曲」中度過充實的早晨。

相信不少人閱讀大師的專欄文章，皆有相同的體會與歡喜。

在星雲大師弘法五十年、筆耕一甲子的紀念之期，為了讓普羅大眾共霑法益，香海文化特將大師四年來所撰寫的「迷悟之間」專欄結集成套書十二冊，共計一一二四篇文章，依《人間福報》刊載日期順序編排，並全彩精裝印刷及別致的書盒包裝，內容還附有千餘張精美圖照，使這套「精裝典藏版」的《迷悟之間》成為佛光檀家的傳家寶藏、人人行佛的修行寶典。

香海文化非常榮幸能編輯這套書，期望透過《迷悟之間》給人明白善惡、懂得是非、驅邪顯正、轉迷為悟；將「悟」心找回來，更能讀做一個人、讀明一點理、讀悟一點緣、讀懂一顆心。

（本文作者為香海文化執行長）

目錄

聰明的爭議

聰明好不好？聰明人人希望，人人所求，怎可以說聰明不好？

聰明很好嗎？語云：「聰明反被聰明誤！」三國時代的楊修，因自恃聰明，恃才傲物，最後反招來殺身之禍；東吳的田豐，力勸袁紹不要對曹操正面作戰，袁紹不聽，將之打入大牢，出兵後果眞大敗，牢中的田豐一聽，說：「我命休矣！」人曰：「你勸諫得對，袁紹一定會放了你。」田豐說：「我素知袁紹爲人心胸狹窄，我說錯了，他或許可以容我；我說對了，他必定不肯容我。」田豐的聰明，不但沒有爲他帶來官運亨通，反而冤死獄中。

有些人世智辯聰，對於自己某方面的聰明，沒有透徹的深思，只知其一，不知其二；不能明白種種前因後果，這都不算是聰明。例如，螳螂捕蟬，自以爲得手，孰料黃雀在後；黃雀自以爲成功，但獵人的子彈已經射來了。

社會上一些作奸犯科的人，總覺得自己犯案的手法天衣無縫，所作的案件無人能知；但是天知、地知，因果知道，怎能說無人知曉呢？社會上許多所謂「智慧型」的犯案者，不都是自以爲聰明，不就是聰明反被聰明誤嗎？

眾生都有一個僥倖的心理，以爲自己聰明，不畏懼因果。但是，就算你不知道畏因，一旦苦果來臨的時候，你也不能不有所畏懼啊！所謂

自私無人，就不是聰明；貪贓枉法、損人利己，就不是聰明；瞋恨嫉妒、障礙他人，就不是聰明；貪小便宜，專撿現成，自以爲有所得，實際上卻失去了人格道德，這就不是聰明。

有一個兒子在外偷盜，母親誇讚兒子聰明有用，兒子愈偷膽子愈大，最後殺人搶劫，終於犯案累累被判死刑。所以，爲人父母者，對於子女不一定只要求他聰明，應該要教育他守道德、守本分、明因果、知進退，不但不去侵犯他人、不盜占他物，進而還要隨力喜捨、隨緣布施，這必定能廣結善緣，必能前途順遂，這才是成功之道。

人，不要自恃聰明，自算、人算，不如天算！眞正的聰明是在明白群我的關係，是在了解事理的融和，是在明白守法、守道的重要。聰明的人知道「豫則立」，凡事要有預備才能安全；聰明的人知道，有播種才有收成。

歷史上，許多發動戰爭的人，都是自以爲聰明，到最後不都失敗了嗎？社會上，一些人以爲借貸投資創業，就可以大發一筆，到最後不都債台高築，身敗名裂了嗎？有的人自以爲家中有人爲官，有財有勢，到處可以白吃白喝，最後家道中落，一無所有，只憑聰明，又何能立身於社會呢？

蘇東坡說：「人皆養子望聰明，我被聰明誤一生；唯願孩兒愚且魯，無災無難到公卿。」這雖然是蘇東坡對當朝的諷刺，但也說明，一個人徒有聰明才智，如果沒有培養福德因緣，也是很難立身處世！甚至有的人因此鬱鬱終生，徒歎奈何！因此，聰明智慧的人，如果懂得廣結善緣，懂得培養人和，這才是眞正的聰明。

《人間福報》二〇〇一年七月十八日

琢磨琢磨

凡事都應該思前想後，左右考慮，這就是要我們「琢磨琢磨」。

一件事情，能不能做？可不可做？好不好做？要不要做？應該要「琢磨琢磨」。任何事情，要知道它正不正？善不善？也都應該要「琢磨琢磨」！

說話，「琢磨琢磨」後再說，才不會得罪人；做事情，要「琢磨琢磨」，會不會討人便宜；利益當前，要「琢磨琢磨」，會不會侵犯人家；榮譽臨身，也要「琢磨琢磨」，堪不堪接受；投資也要「琢磨琢磨」，是否穩當；朋友論交，也要「琢磨琢磨」，看彼此是否真心真意。甚至結婚

也要「琢磨琢磨」，是不是眞的情投意合，甘願奉獻。

在社會上、家庭裡，做人處事都應該多一些「琢磨琢磨」，例如開會發言，你先要「琢磨琢磨」，才不會信口開河，胡亂說話；寫信、寫文章都應該要「琢磨琢磨」，推敲斟酌後，才能有自他的尊重。現在國會的議案，都要「三讀通過」才會立案，所以一切事情都要「琢磨琢磨」，以免疏漏或有不到之處。

所謂「琢磨琢磨」，不是指站在自己的立場講話，而要顧念到別人的立場；也不只是站在私利上發言，而要站在公益上立論。一件事情，雖然有益於我，但於公無益，應該「琢磨琢磨」再三，不可爲也；雖然無益於我，但與眾有益，「琢磨琢磨」再三，應該盡力而爲可也。

「琢磨琢磨」的意思，叫我們要周全，要四面俱到，要八面玲瓏；不要說後悔的話，不要做後悔的事。例如讀書，就必須再三的「琢磨琢磨」，才能知道書中的含義；聽別人講話，也要用心去「琢磨琢磨」，才能體會別人的意思。名聞利養的前面，我要「琢磨琢磨」；是非得失的時候，更要「琢磨琢磨」。太過衝動，太過率直，沒有經過「琢磨琢磨」，總會有一些缺陷。

現在凡是什麼事業，都要訂定計劃，甚至召開會議，主要的都是要「琢磨琢磨」；家庭的預算、事業上的發展，五年計劃、十年計劃，如果

你不三番五次的「琢磨琢磨」，很容易出現缺陷疏漏，不容易周全。

所謂琢磨者，就是思前顧後，因爲這一個世界不是我個人的，話一出口就與人有關係，事一出手就與人有交道；我與無量相、無盡事物不能融和，再不「琢磨琢磨」，怎能相互融攝呢？個人等於大海一滴，你這一滴跟大海之水不能融和，怎麼能在無邊的大海裡生存呢？

所以，人生的各種關係，舉凡我與國家、我與社會、我與朋友、我與家族、我與愛情、我與事業、我與工作、我與思想……都應該有密切的關係；如果不「琢磨琢磨」，讓各種關係融洽、合和流，怎麼能夠生存呢？

《人間福報》二〇〇一年七月十九日

預算

一個國家有多大的力量，先了解他的預算存底有多少？預算充足，可以增加國防，可以加強教育，可以多興社會福利，可以多建交通、海港，可以多投資公益，爲民服務。甚至農工的改良，森林的保護等。因爲有預算，就會把國家社會建設得更加美好！

一個事業，能否維持，也要看他的預算多少？每年的預算收支都有盈餘，這個事業必定大有可爲；如果這個事業每年都是透支赤字，這個事業已經亮起了紅燈，前途必定艱難！

預算的多少，可以決定國家事業的成敗，那我們個人也應該要來籌劃自己的預算！

個人所擁有的財富預算，也不光只是金錢方面！你的聰明智慧擁有多少？你的人格道德擁有多少？你的朋友人緣擁有多少？你的名譽信用擁有多少？這些都和你的人生預算有關。

金錢上的財物不足，你其他方面都可以爲你補充。就算你財物充足，假如你沒有人緣、沒有道德、沒有信譽、沒有智慧，在預算裡面，收支必定還是不能平衡。

一般公司行號裡，負責籌劃預算的人，都必須注意收支相抵。如果你只是計劃收入，這裡幾千，那裡幾萬，你沒有本金，可能會有收入嗎？假如你一味的支出，這裡要花費，那裡要支出，你入不敷出，怎能合乎收支平衡的預算呢？

在預算裡面，開源節流是一個增加經濟效益的最好辦法。在我們一期的人生裡，奉獻、服務，從公益中能收入多少，才能平衡自己的支出？有的人先講究收入而酌量支出；有的人先盡量播種，希望他日收成會好！先收？先支？後支？後收？這就要看你的策劃、預算本領的高低了！

語云：「人算不如天算！」憨山大師也說：「人從巧計誇伶俐，天自從容定主張；諂曲貪瞋墮地獄，公平正直即天堂。」個人的預算不要先從自己的利益著想，應該要從整個社會、大眾，各種利益關係爲前提，以此來訂下自己人生的預算。所謂「厚道必不吃虧」，這是必然的因果道理喔！

《人間福報》二〇〇一年七月二十日

擁有美德

人，要擁有的東西很多，例如擁有一個幸福的家庭，擁有一個相親相愛的伴侶，擁有一份正當的職業，擁有一些銀行存款，擁有一點社會聲望，擁有一些互助的朋友，擁有對宗教虔誠的信仰。

除了以上這許多的擁有以外，擁有美德最爲重要。什麼是美德呢？誠實、信用、莊重、整潔、禮貌、守時、慈悲、正派、風趣、正義、慷慨、幽默、責任、良心。

在人的一生當中，不是靠外表的美麗，也不是靠衣著的講究，或是

善於言辭、長於辯論；甚至顯赫的家世、長袖善舞、高官厚祿、交際應酬、也都不是美德。

美德是一種內涵，是一種人格的芬芳，是自然的氣質所散發出來的一種高貴的品味，讓人心怡，讓人嚮往，讓人讚美，讓人崇敬，這才是擁有美德。

富有也不表示擁有美德，富而好禮才是美德；位高也不一定是美德，位高而自謙才是美德；有學識文才也不表示擁有美德，學而有教養才是擁有美德；有美麗風姿也不是擁有美德，要美而心好才是擁有美德。

擁有美德，不是自我認定、自我欣賞；美德是別人推崇、別人肯定，才是美德。

社會上有很多的人爲國家盡忠、爲父母盡孝，這是他的美德。有多少的人雖然貧窮，但他們對財富不動心；有多少人看似柔弱，但他們對於強勢不懼怕，這就是美德。美德是人的形象，是日積月累而來；它像金字塔，非一朝三日可以建成的。它要時日，歷久彌新；它像陳年的佳釀，越久越香醇。

許多的富商巨賈，財大氣粗，當然看不出他有美德；多少的高官要員，俗氣十足，當然看不出他有美德。美德要在謙沖中養成，在忍耐中成長；美德，要像梅花經得起歲寒的磨鍊，像松柏經得起歲月的熬煎，要讓別人認為他是一個君子，是一個有道之士，他才算有美德。

人可以沒有金錢，沒有名位，沒有顯赫的家世，沒有殷厚的背景，沒有強親貴族的支援；寧可以沒有顯赫的朋友抬捧，但不能沒有美德。有美德才有人緣，有美德才有名聲，有美德必然會有好因好緣。所以，樹立美德的形象，盍興乎來？

《人間福報》二〇〇一年七月二十一日

磁場與能量

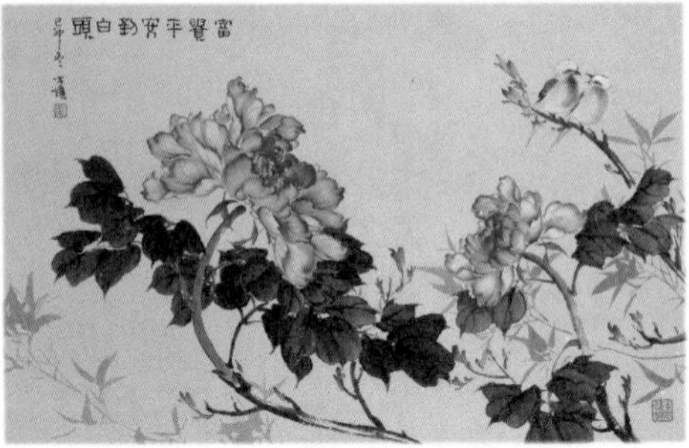

世間上，每一個人不管貧富貴賤，各人都有各人的能量；宇宙中，日月星辰、大地山河，也都各有各的能量。生活中，例如現在的太陽能、水力發電、火力發電……等。電就是能，「核能」尤其是目前舉世爭論不休的最大能量。

天地間，其實萬事萬物莫不蘊含著能量。一棵樹、一朵花、一滴水，都有他們各自的能量；即連廢物都可以再利用。廢物可以產生沼氣，可以成爲肥料，可以做爲成就別人的助緣；可以說，世間萬物，彼此都在提供能量給對方。

佛教說，眾生皆有佛性；佛性就是能量。人都有成佛的性能，你能說沒有能量嗎？

可惜，現在的人大都忘失了自己本具的能量，反而向心外要求別的能量。甚至有人還創造現代的名詞「磁場」，不但說某一個地方的磁場很強，就連一塊石岩、一塊木頭、一塊礦石，都有磁場，不少人以此廣爲招徠，圖謀利益。

尤其，今日許多創造神秘的人，常常故弄玄虛，神龍活現的說，某某人士有磁場，某某大樹有磁場，某某天珠有磁場；甚至某某人的眼睛、某某人的雙手都有磁場。其實說穿了，鑽木能取火、石頭撞擊可以冒出火花，就連衣服都有靜電的現象，這本來是宇宙中很自然的能量，但經過有心人的「磁場」之說，便替它蒙上了一層神秘的面紗，也助長了民眾的好奇心理。

其實，最大的磁場，最大的能量，都在自己的心裡。人，實在是很可憐、很脆弱，自己不相信自己內心的佛性，不相信萬物的能源；反而煞有介事的說，何地、何人、何物有磁場，讓一些喜好神秘的人，追逐磁場，豈不愚癡！

藝術家能畫出超人的繪畫，廚師能做出特別的佳餚，甚至變魔術的魔術師，都各有一手巧妙不同的變法。這一切都有不同的本能，也可以說都有不同的磁場；磁場並非好奇才有，而是生活中隨時隨地唾手可得，何必一定要用「磁場」來渲染人間的神秘呢？

因此，希望對磁場、對世間神秘過分好奇的人士，能用平常心來看世間，免得被「磁場」所迷。

《人間福報》二〇〇一年七月二十二日

宏觀與微觀

中華民國僑務委員會爲了照顧全世界的僑民，加強將國家政事宣揚於全球的僑民知曉，特設立宏觀有限電視；站在二十一世紀的時代，天涯若比鄰，實在是有「宏觀」。

胡忠信先生說：「宏觀是望遠鏡；微觀是顯微鏡。」看世界不能沒有宏觀，當然必不能少了望遠鏡；看自己不能少了微觀，當然也不能少了顯微鏡。

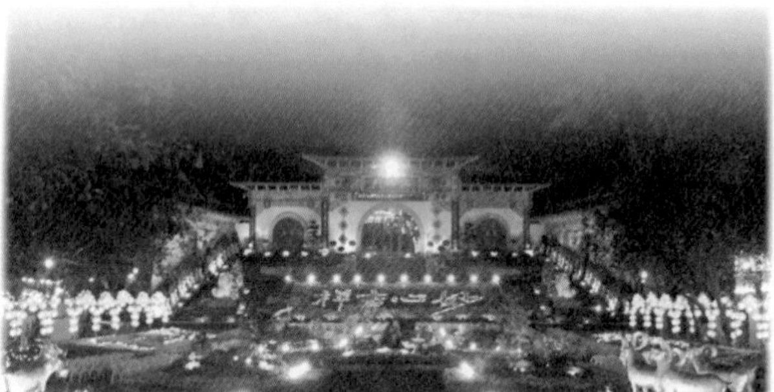

說到宏觀與微觀的關係，宏觀才有遠見，才能心胸擴大，才能有國際的認識；看得遠、看得大、看得多，所謂「運籌帷幄之中，決策千里之外」，這就是宏觀。微觀要認識自己、透視自己，自己有多大的能耐、有多少的能力、有什麼缺點，有什麼配合的因緣，能以一己之力結合社會大眾的需要，這就是微觀。

維摩居士的丈室雖小，它能容納三萬八千多座獅子座椅，能接待萬千的菩薩羅漢，就等於佛陀看整個的三千大千世界

如菴摩羅果，這就是宏觀。諸葛亮在隆中的時候，劉玄德前去訪顧請教，所謂「隆中對」，諸葛亮道出三國分治的遠景，這就是宏觀。歷代君主被小人包圍，看不到國家的危之在即，就因爲他沒有顯微鏡。

在《孟子》裡，有關齊宣王以羊換牛的故事，孟子問王曰：「吾力足以舉百鈞，而不足以舉一羽；明足以察秋毫之末，而不見輿薪？」王曰：「否！」孟子又曰：「今恩足以及禽獸，而功不至於百姓者，獨何與？然則一羽之不舉，爲不用力焉；輿薪之不見，爲不用明焉；百姓之不見保，爲不用恩焉！故王之不王，不爲也，非不能也！」

宏觀，人人應該有此能力，但人不爲也；微觀，挾泰山以超北海，是誠不能也。爲長者折枝，是不爲也，非不能也。這是齊宣王既沒有宏觀的望遠鏡，又沒有微觀的顯微鏡。

有人說，從一片雲朵可以知道天氣的變化；從一粒米可以看出農夫的汗水和辛苦；從一沙一石可以看出三千大千世界；從袈裟的一角可以看出佛像的金容慈悲；從樹木花草的成長，可以見到大自然無限生命的機能。

所謂「見到一切諸法的成就，就能見到因緣」，這是微觀；「見到緣起，就能見佛」，這是宏觀。乃至「須彌納芥子；芥子藏須彌」，就是宏觀；「佛觀一缽水，八萬四千蟲」，就是微觀。

你既要明察秋毫，又要見輿薪，才具有宏觀與微觀啊！

《人間福報》二〇〇一年七月二十三日

低頭

有一個人問一位哲學家：「從地到天有多高？」哲學家回答：「三尺高！」「爲什麼這麼低呢？我們人不都長得至少有四尺、五尺、六尺高嗎？」哲學家回答：「所以，你超過三尺高的人身，要在天地間立足，便要懂得低頭！」

這段話實在深富人生哲理！古代的儒家，學子入學，先教你叩頭拜師；佛教的信者，信佛要先禮拜。甚至朋友相交，也要點頭敬禮。一個人如果不和人接觸，隨你長得有多高，隨你如何昂昂乎不可一世；但是假如你要和人接觸，你就必需要低頭、謙卑。

低頭的人，象徵著有禮貌；低頭的人，表示懂得謙虛。低頭的人生，才能前進，才能無往不利；因爲低頭，才能和人接觸。佛教的頂禮、禮拜，是和佛陀接心；晚輩在長者前面低頭垂手，這就表示要長者的認可。

低頭是禮貌，但是佛教有時候也不是完全要人低頭，有時候昂首瞻仰，也是在行禮；甚至繞佛、繞塔，也是表示依戀，表示恭敬。因此，佛教認爲該低頭的時候低頭，該抬頭的時候抬頭，該圍繞的時候圍繞，甚至心意觀想，都視爲是三業的恭敬修行。恭敬就是溝通，溝通的管道只要能表達心意的，只要對方肯得接受，就是相互尊重。

在佛教裡，關於低頭還有另外的解釋，所謂「照顧腳下」，意指一個人做事要腳踏實地，一步一腳印，要把路走好。

照顧腳下，才有根本。人，爲了安全，開車、走路，都要往地下看，而不會往天上看；一個人如果眼睛一直往上翻、朝上看，則必定會失敗。

低頭，是成熟，是美德。你看，古樹結實，都是垂下地來；稻穗成熟，也都是低頭的樣子。低頭是謙卑，低頭的人生會受人歡迎，中外的偉人，有的可能是昂首闊步、抬頭挺胸，但如果是聖賢，必然是低頭的。所以吾人寧可以低頭，也不要昂首挺胸。

低頭的人才有人緣。人緣是從低頭中來；被人重視，也是從低頭中來。能低頭，必定會有揚眉吐氣的一日；能低頭，必定能有奮發有爲的一天。各位讀者們，你們有體會過低頭的美妙和好處嗎？

《人間福報》二〇〇一年七月二十四日

承先啟後

每一個人都希望「承先啓後」，能「承先啓後」的人，必定能光宗耀祖，必定能繼往開來。

所謂承先，在國家而言，對於唐堯、虞舜、文武、周公、孔孟的政治理念、道德根本，要眞的能夠接受；對於「路不拾遺、夜不閉戶；人民親其親、幼其幼」如此一片祥和美好的政治藍圖，要能夠繼承流傳，才謂之承先。

說到啓後，要能把「科技的發達，醫學的昌明，社會的保險制度，鄰里的守望相助；官不擾民，沒有刀槍戰事，一片和平安樂的景象。」

這種和平安定的理念，傳之於後世，才謂之啓後。

在家庭裡，子孫對於先人的事業，自己要能一肩承擔；對於後續的發揚，還要更加的努力。祖先對待員工的精神，凡所有的福利設施，以及所定的規章制度，是好的，都應該繼續發揚。如果祖先遺留的產業值一億、二億，子孫應該再立五年、十年計劃，要讓它成長到十億、八億。如果所用的員工有二百人、三百人，不但自己要承先，更要增加到二千人、三千人，如此對家族才能「承先啓後」。

尤其，對於先人的道德、奉獻，更應該給予發揚光大，做自己後代子孫的模範。

政治上的人物，例如美國的民選總統，當選後的第一句話都是說：對於前總統在內政上所立的規章、在外交上對他國的約定，一概繼承。接著再作自己的施政報告，說明自己計劃如何建設國家的治國理念，這就是啓後。

說到「承先啓後」，最能說明的工作者就是現在的教師，他們從事的教育工作，就是「承先啓後」；宗教家在社會上傳教，他們也是在「承先啓後」。如張載所說：「爲天地立心，爲生民立命，爲往聖繼絕學，爲萬世開太平。」這就是「承先啓後」的精神。

其實，不但人類要「承先啓後」，即使是動物、植物，牠們傳宗接代時的種種辛苦，主要的也有「承先啓後」的作爲。例如飛燕懂得對子女的品種改良，加拿大的紅螞蟻懂得爲未來的子孫儲存糧食。所以，吾人更應該要以「四維八德」做爲「承先啓後」，要爲「三不朽」來「承先啓後」，要爲歷史「承先啓後」，尤其爲了找到眞如佛性，對於信仰的傳承，更應該要「承先啓後」。

《人間福報》二〇〇一年七月二十五日

學徒制

古人一生的事業，都是從學徒制開始；現在的人，一生的成就，都是從考試開始。

你看，古代的剃頭、裁縫、廚師等各種手藝，無一不是從學徒開始。因爲拜師學藝，學徒的制度都是靠老師對學生一對一的指導，每天耳提面命，自然有切身受教的感受；反觀今日的社會，變成學校授課。集中訓練固然沒有師徒道尊，學生也不覺得自己的一切是由別人所傳授，因此中國優良的學徒制就這樣慢慢式微了。

不過，我們看今日的社會，醫院裡的實習醫生，還是要跟隨主治大夫臨床實習，個別指導。就算工業吧，一些車床工人，也是要有老師在他身旁逐步講解，個別傳授，承襲經驗。

過去的農夫種田，他要到哪裡去學習？不就是靠著跟隨父親下田，日復一日的日長持久，他就成爲農業專家了。乃至菜園裡、花圃中，所謂園藝者，也都是從前輩那邊，眼見耳聞，學得一些經驗，日久自然能成爲園藝、菜圃的專家。

即使是現在的媒體記者，初學者也需要靠有經驗的記者帶在身旁學習，否則新聞在哪裡？當新聞都找不到時，哪裡能採訪新聞呢？

現在的社會進步了，任何事情都是講集體、講快速，致使現在一些技術性的勞工界，不容易產生特別優秀的人才；甚至廚房裡的廚師，煮不出色香味俱全的佳餚，因為沒有前輩指導刀工、時間的拿捏，又何能做出可口美味的菜餚？繪畫家若沒有老師一筆一筆的勾勒；剖析、講解，那能容易學到繪畫中的三昧呢？

就如現在的佛教裡，拜了師父，他也不肯以學徒自居，一下子就以為自己是老參，以為自己是老師，以為自己是完成了。所以走路不像、拜佛不像、說話不像，言行舉止都不像是一個出家人。

因此，古人讀書，十載寒窗苦修；學徒習藝，三年五載才能出師，不像今日學子，學子出了校門，就可以派上用場。所以，學徒制是有其缺點，但是一個人如果真正想要有所成就，還是要靠親炙老師學習、模仿，才能登峰造極，出類拔萃。

《人間福報》二〇〇一年七月二十六日

時空定位

凡事都要有中心。現在的社會，很多機構都是以「中心」爲名，例如醫療中心、健身中心、遊樂中心、教育中心、勞工中心，甚至還有太空中心。地球也有地心，即使是衛星也要根據地心或軌道，才能運轉。

一個國家以首都爲中心，全國的國民以領導者爲中心，各個團體都以負責人爲中心。人的身體以心臟爲中心，可是人的思想、智慧，是以大腦爲中心。有中心就能爲工作定位，就能爲地標定位，甚至時間也要定位。例如，時鐘的中心點就是定位，分針、秒針可以繞著它運轉，只要中心穩固，時間的分秒必定不會錯亂。

所以，凡是定位的根本，必不能經常移動，否則會斲傷。例如樹木花草，你經常將根本移動，它在成長上必定受到挫傷；枝葉不怕分枝，果實不怕太重，但是根本應該給它定位，所謂本固而道生。

走獨木橋、走鋼索，雖然移動驚險，但是只要它的中心點能夠平衡，能夠穩定，就不會危險；船隻漂洋過海，風浪再大，只要掌穩舵，保持住平衡點，就不怕風浪的顛簸。

建造一座房屋，只要基礎中心穩固，伸出去的橫樑屋簷就會因爲有穩固的中心而牢固。甜美的果實，它的中心一定有果核，果核就是中心；中心雖不能供應你食用，但是有果核的中心，才能有甜美的果肉供人享用。

人的心臟、大腦就因爲在定位不動，所以它們可以令四肢有效發揮功能，從事各種工作。假如大腦和心臟移位，這一切可就慘了！

世間上，任何一事一物，都要有中心。政府機關是國家的中心，家庭和思想是私人的中心，美國總統是美國政府的中心，他雖也必須出國訪問，參與國際會議，甚至政府還要爲他裝備專機，供他飛行使用，但他不能經常外出。君不見歷史上有許多的國君出遊，大臣在宮廷革命篡位的嗎？機關首長、公司行號負責人，如果希望事業擴大，自己就要坐鎮中心，安住指揮。如果事必躬親，今日東邊，明日南方；時而李府，時而張家。如此遊走，經常外出，就如我們的前總統李登輝先生，在街道上幫忙警察指揮交通、現任總統陳水扁先生，凡有學校畢業典禮，都去參加，那麼警察首長、教育部長他們做什麼事呢？

你想重要嗎？你要偉大嗎？在時空裡如何定位，你不能不注意。

《人間福報》二〇〇一年七月二十七日

沉默是金

對一些嘮叨不休、信口雌黃的人來說，「沉默是金」眞是一點也不錯。

佛教的修行法門，有一種稱爲「禁語」。禁語不但是不說話，而且不可以寫紙條；不可以比手劃腳，否則就不能算是眞正的禁語；眞正的禁語，要能做到口不說話，心也不動念。

有人說：我平時在家休息，只是看看電視，看看報紙，其實，這也不算是休息；有活動的時候，看書、看電視、看報紙都一樣是工作，不

是休息。休息要完全放鬆，不但眼、耳、鼻、舌、身體都不動，連「心」也要讓它保持在「不動念」的狀態，這才能夠消除疲勞。

有一些兒童，從早到晚，跳動不停，這是一種病態，叫作「過動兒」。過分的工作、過分的勞動，過分的活躍，也像過動兒一樣，對人生是不健康的。所以，有時候不說一句話的沉默，不起一念的靜止，那才是「沉默是金」。

人有時候，眼、耳、鼻、舌、身不動了，心還在動。例如睡覺的時候，眼、耳、鼻、舌、身都睡著了，可是心起來做夢，上山下海，周遊列國，人我是非，甚至夢中殺人越貨，種種驚險，醒來驚得一身大汗。就連睡覺它都沒有沉默，還是有各種活躍的行爲，可不辛苦？

但也有的人生，每天南北奔波，行醫教學，弘法爲公，到處排難解紛，給人服務，看起來是忙碌不休，實際上他們是人忙心不忙。

五千年前，有一個青年要向蘇格拉底學習講話，每小時收費十塊錢。這一個學生見了蘇格拉底，喋喋不休，一直講敘說話如何重要。等他長篇大論說完，蘇格拉底叫他先繳學費。他拿出十元，蘇格拉底拒絕接受，說：「你要跟我學，要付二十元。」青年不解，責問說：「別人都是十元，爲什麼我要二十元呢？」蘇格拉底說道：「因爲別人我只要教他如何說話，但是對你，我還要教你如何不說話。」可見得不說話比會說話還要重要啊！

言在扼要，不在多。一些人言不及義、話不中肯；有的時候言多必失、言過其實，都是指話說多了不好，不說反而是好。因爲言語有狂言、有讒言、有謊言、有謠言、有流言、有空言等，你說了這許多無益

於人的言語，不是說了不如不說嗎？

甚至於有的話是聽說、胡說、瞎說，是一些道聽塗說、自圓其說，當然就更顯得出「沉默是金」的可貴了。

有一個音樂老師到一所佛教學院上音樂課，他教授熱門音樂，先播放了一段錄音帶以後，問學生：「音樂中，那一段最好聽？」學生說：「停下來的時候最好聽！」可見得言爲心聲，能說出眞心的話，必然好聽；假如說話言不由衷，則不如禁語，讓沒有聲音的聲音來說話，豈不是更有意思嗎？

《人間福報》二〇〇一年七月二十八日

挨家挨户

美國微軟公司要招考工作人員，有一位青年前往應徵。經過考試後，及格錄取。當青年準備離去時，主考人員說：我會再用E-mail（電子郵件）跟你連絡，青年立刻回答說：我沒有E-mail。主考人員說：我們公司不會採用沒有E-mail的員工，於是又宣布拒絕錄用。

青年在回家途中，身上只剩十塊美元，想到沒有職業，不知如何賺錢養家，心裡非常恐慌擔憂。不得已，掏出身上僅有的十塊美元，買了一大堆的馬鈴薯，就挨家挨户的去推銷，如此賺了一百美元，信心大增。第二天，他又買了很多的馬鈴薯，再去挨家挨户的推銷。數月後，青年買了汽車；數年後，開了工廠，許多企業界的人士，都很喜歡與這位青年往來，大家認識相交之後，都說：有事我會傳E-mail給你，青年說：我沒有E-mail。大家很驚訝，說：你工廠事業做得這麼大，怎麼會沒有E-mail呢？青年表示說：我只有「挨家挨户」，我沒有E-mail。

現在的青年想要創業，一開始就說，我沒有辦公室，我沒有資本，我沒有電話，我沒有秘書，我沒有電腦，我沒有汽車；大家不妨看看這位青年，他什麼都沒有，連現代最流行的E-mail都沒有，但是他有「挨家挨户」的精神，所以能做出一番事業來。

這個「挨家挨戶」代表的是什麼呢？代表著有心、有志、有毅力。有心、有志、有毅力，還怕不能成功嗎？

你看，自古以來，凡是只說空話的人，即使是富家的子弟，他都是從有大樓、有土地、有公司、有汽車、有電腦、有E-mail，到最後一無所有；反之，肯吃虧、肯勤勞、肯奮鬥，有心、有力的人，可以從無到有，最後他有大樓、有土地、有工廠。所謂「心想事成」，無心，怎麼能挨家挨戶？怎麼能擁有呢？

所以，想要創業發財的人，先要有心；有心才肯挨家挨戶，有挨家挨戶的勤勞奔走，還怕事業無成嗎？

《人間福報》二〇〇一年七月二十九日

設定目標

船隻在一片汪洋的大海裡航行，因爲它設定了目標，不必掛念它找不到前途；飛機在萬里無垠的空中飛行，因爲它設定了目標，按照航線，它會安全降落。人生的旅途中，我們的目標在那裡呢？

你看！道路上熙來攘往的車輛，你不必爲它掛念，它必有它的目標；路上穿梭不停的行人各自在奔走，他們也是爲了趕往他們的目標。目標是每一個人、每一件事的終點。人不能少了自己的目標。

中國古人在童蒙的時候，父母師長就鼓勵他要立定志向，設定目標；今日青年，讀書選擇科系，要塡第一志願、第二志願，這也是選擇自己的目標。有的青少年在人海裡隨波逐流，隨緣浪蕩，沒有目標，醉生夢死的一日復過一日；也有的青年目標太大，不切實際，就如工廠裡的機器，它一天只能生產兩萬噸的產品，你硬要它生產十萬噸，你超越目標，就等於沒有目標；一部耕耘機，每日只能耕種二十畝地，你要它每日爲你耕種一百畝，不但達不到目標，而且機器也會因爲不勝負荷而損壞，這就是欲速則不達。就算是電腦吧！它可以收藏許多的資訊，但是過多過量，超越了負荷的標準，它也會不聽話。

所以，設定目標要量力，要衡量條件，按部就班，不是一蹴而就的。就如龜兔賽跑，設定了目標，烏龜再慢，只要日日爬行，牠總能到達目標。

兒童的目標希望趕快長大，學業成就；青年的目標希望愛情美滿，找到一個好的職業；壯年人的目標希望全家妻兒老小生活溫飽，自己功成名就；

老年人的目標希望能有一個安靜的環境頤養天年，子孝孫賢，活得自在。

當然，也有的人並非以自我爲中心，他不以家爲目標、以生活爲目標、以自我的功名爲目標；他胸懷世界，他體會社會人生的疾苦，他設定的目標是「先天下之憂，後天下之樂」；甚至如佛陀普度眾生，示教利喜，乃至如中國俗語說「男兒志在四方」，不以一己爲念。

目標有多種，你以從軍報國爲目標，你以從政救民爲目標，你以農工增產爲目標，你以學者教育他人爲目標，你以宗教家「人飢己飢，人溺己溺」的悲憫情懷爲目標；甚至你只是想要做個小人物，安貧樂道、守法守分、和樂家人，幫助社區爲目標。不管目標大小，人只要有目標，就會完成自我設定的里程碑，就可以到達目標。

《人間福報》二〇〇一年七月三十日

謠言惑眾

謠言就是謊言，謊言說了三十次，就會有人把它當成眞理！

有一個人到曾子家，對曾子的母親說：曾子殺人了。第一次，曾子的母親不相信，絲毫不爲所動；第二次，又有人來說曾子殺人，曾子的母親雖然口說不可能，內心卻不免有一些懷疑；第三次，曾子殺人的消息再度傳來，母親也不得不從椅子站起來說：是眞的嗎？

所謂「三人成虎」，謠言的可怕，由此可見！

過去的帝王，爲了穩固政權，常常假造神意，以謠言迷惑群眾，例如太平天國的洪秀全自稱「天王」，假藉天意，造謠惑民。甚至東王楊秀清因爲被謠言所害，妻子改嫁，自己也因絕望而自殺。

吳三桂誤信謠傳，以爲愛妾陳圓圓被李闖王所俘，「衝冠一怒爲紅顏」，憤而打開山海關，把大明江山拱手讓給大清朝。梁武帝滅國，也是誤信侯景的種種謠言所致。

謠言眞眞假假，假假眞眞，讓人摸不著虛實。古之說客，就是利用造謠惑眾，例如張儀、蘇秦師兄弟鬥智，固然是各憑機智，但是他們散

播謠言，也是取勝之道。

現在的宗教界，有一些自稱禪師、活佛之人，妄言神通，到處詐欺斂財，這不僅是謠言惑眾，尤其「未證謂證」，更是大妄語。乃至有些人冒充「眞佛」；不是假佛，何必要說眞佛呢？

夫妻恩愛，天上的一雙，地下的一對，但也禁不起謠言破壞，最後分手，各奔西東。兄弟相親、朋友互助，爲了謠言，反目鬩牆，計較爭執，甚至拼得你死我活，都是爲了謠言。

人世間，眞話少人聽，謠言多人信。歷史上多少的離間計，不都是利用謠言做背景？三國時代的曹操、劉備、呂布，甚至諸葛亮之流，都是善用離間計的人。可見從古到今，謠言惑眾，無日無之，這就要看誰是智者，誰就能獲得最後的勝利。

台灣每次選舉時，謠言滿天飛，許多純潔的百姓莫不被謠言所擾，搞到最後眞是不知道誰是誰非。最近奇美鎮江廠被謠傳爲已經關閉，驚動到總統府改變政策，急忙又收回「戒急用忍」的成命，最後連立法院也大加韃伐，不知道這謠言是從何而來？

現在的資訊如此發達，這些政治人物也難免不受謠言震動。不過所謂「是非止於智者，謠言止於不聽。」

世間上，有人好說謠言，有人好聽謠言，有人好傳謠言，有人好信謠言；假如你不說、不聽、不傳、不信謠言，謠言自然就會消聲匿跡。

《人間福報》二〇〇一年七月三十一日

知識社會

我們的社會流行著一句話「向前（錢）看」；舉國上下都在向錢看，如此一個重利輕義的國家社會，你說能有多大的成就，也就可想而知了。

社會的進步固然要經濟的發展成長，因爲有了經濟才有建設，才能改善生活，才能製造飛機，才能加強國防，才能養家活口，錢怎能說不重要呢？但是，金錢一方面帶來社會的進步，一方面也帶來了人性的墮落。許多兄弟鬩牆，爲了金錢；許多夫妻翻臉離婚，爲了金錢；許多朋友惡言相向，爲了金錢；許多合夥人分利不公，訴訟法庭，爲了金錢；

甚至於青少年爲了金錢，偷竊搶劫；不肖分子爲了金錢，犯下傷天害理的案子；還有那許多貪官污吏，爲了金錢而不能眞正爲民服務，招致身敗名裂。

我們需要經濟的發展，但是我們更需要知識的社會。

什麼是知識社會呢？讓全民讀書，有思想、有智慧、懂得分析事理、判斷善惡好壞；人人都從知識出發，不但能包容一家，更能胸懷鄉里，以及社會、國家。如此看來，知識可就比金錢更重要得多了。

知識是人生的動力，人有了知識，可以改變自己的氣質；人有了知識，可以明白做人處世的道理；人有了知識，可以爲國爲民做出許多建國的方案和計劃；有了知

識，商工的品質就會不一樣；有了知識，科學、哲學就能提升。

現在的政治家由於知識不夠，所以搞黨派、搞私利，不以全民為主。甚至現在的教育家雖在教人，但他沒有想到，知識不光只是用來教人的，而是先要健全自己，讓自己成為思想知識的主人。

知識並非書讀得多就表示有知識，知識也並非會說話、會賺錢就是有知識。沒有讀過書、不認識字的人，他也會有知識。六祖慧能大師悟道，你能說他沒有知識嗎？武訓以行乞興學，你能說他沒有知識嗎？撿破爛的王貫英設立了圖書館，你能說他沒有知識嗎？王永慶只是小學畢業，卻成為台灣的「經營之神」，你能說他沒有知識嗎？

知識者，明理也。只要他懂得做人的道理，知道群我之間，知道人格道義，知道社會國家，知道大公無私，這就是社會知識。

所謂知識，在個人是有道德的勇氣，在社會是有公共的正氣，在國家到處都能普及公理正義；所謂知識，要知人、知事、知情、知理、知物、知心，要能融合一切人事理的因緣，再去給人因緣，那才是知識。

我們寧可什麼都少一點，但是社會知識不能少。

《人間福報》二〇〇一年八月一日

老人的春天

世界的人口老化，各個國家都引爲嚴重的問題。台灣的人口老化問題，更顯嚴重。所以，現在政府忙著到處興建「老人公寓」、「長青之家」、「老人院」，甚至鼓勵民間收容老人，解決老人的問題。

然而，只是興建「養老院」、「崧鶴居」讓老人有所住，並不能解決老人的問題。老人的需要，除了居住問題以外，老人其實是到了日暮窮途，進入嚴寒的冬天了，他們更需要的是我們的關心、我們的了解、我們的噓寒問暖。

有人拿四季來比喻人生，兒童、青少年就等於是春天、夏天；老人則是已經進入秋冬季節了。其實，我們現在應該要讓老人沒有進入秋冬的感覺，要讓他們一樣有老人的春天。

五十年前，蔣經國先生創辦救國團，把青年的活動納入到暑期、寒假的戰鬥營之中，讓青年們在戰鬥中成長，解決了青年的問題。現在老人也應該有老人的戰鬥營，讓老人還能享受第二個生命的春天。

現在各地的大樓要找管理員，都是找退休的老人；工廠的管理、公共場所的維護，各個機關、社團的守衛，都有老人負責，這說明退休的老人「退而不休」，一樣能爲社會服務。但這總不是老人的春天，老人的第二個春天，我們要讓老人活躍起來，動員起來，生命中一樣地散發芬芳，讓他們感覺到自己還是在過著生命的春天。因此，我們建議：

一、希望社會組織「松柏聯誼會」，讓老人們有很多的朋友，有很多的交誼，有很多的來往；讓老人不孤獨，老人不寂寞，老人在社會上一樣的活躍。

二、希望社會上到處成立「老人俱樂部」，讓老人每天可以到俱樂部下棋、運動，談古論今，甚至打牌，訓練頭腦的活動。

三、希望各地成立「托老所」。老小老小，真正的老人也和幼小的兒童一樣；社會上有「托兒所」，現在也應該有「托老所」。托老所裡有年輕貌美的女青年，陪老人說話、說故事；以老人喜歡的運動，例如腿部的、腳部的、手部的、頭部的，幫助他們活躍起來。甚至陪他們讀書、聽他們說話，解決老人們的寂寞，讓他們能享受到老人的春天。

四、在各區籌立「老人育樂之家」，讓老人在裡面可以演奏各種中西樂器，讓老人們唱著南腔北調的歌曲，鼓勵他們畫畫，鼓勵他們寫字，

鼓勵他們吟詩作對，發表閱讀心得，讓老人再度唱出生命之歌。

五、成立「老人旅遊社」，讓老人和年輕人一樣，徜徉在山水園林之間。

六、成立「老人加工廠」，可以用老人的力量做一些加工，既可以運動，又可以賺取金錢貼補日用。

總之，老人們是可敬可愛的，他們有功於國家社會，他們有恩有義留給我們；我們應該關懷老人、報答老人，讓老人家們能再過一個生命的春天。

《人間福報》二〇〇一年八月二日

抵制誘惑

世間上，到處充滿了誘惑；抵制誘惑，才能成長。夏娃和亞當不就是因為經不起一顆蘋果的誘惑，才犯下了罪業；佛陀的弟子須提那本來已經出家了，但是回家的時候，經不起妻子的誘惑，做出和修行不相應的事情，所以讓佛陀有了制戒的因緣。儒家的修身養性，主要的也是要讓人有不受誘惑的力量。

世間上到處都是誘惑。金錢的誘惑、名位的誘惑、愛情的誘惑，甚至於甜言蜜語的誘惑、富貴榮華的誘惑。這個世間上，五欲像個大磁鐵，誘惑你、吸引你，成為它的俘虜；你不想受它的誘惑，你就得有另

外一番抵制的力量。

假如一個人，你經不起金錢的誘惑，你的生命、你的名譽，就會掌握在金錢的手中；你經不起名位的誘惑，你的生命，你的人格，就會掌握在名位的手中。假如你經不起愛情的誘惑，你的生命，你的道德，就會掌握在愛情的手中；假如你經不起甜言蜜語、富貴榮華的誘惑，你的人生都不能自救，就會沒有力量，就會迷失在世間的誘惑裡。

誘惑看起來是從外面而來的，眼見的紅

男綠女，萬種風情；耳聽的靡靡之音，耳聞輕柔淡雅的香味，還有那輕柔溫暖的感觸，甚至一些刺激嗜好的食品，所謂財、色、名、食、睡的繩索，就會把自己緊緊的綑綁起來。人不能怪外境的誘惑，這是因爲自己的內心無力，所以才抵制不了外境的誘惑。

紂王抵制不了妲己的美色，而亡國；多少有爲的青年，抵制不了金錢的誘惑，甘心作奸犯科，因此作了金錢的俘虜。魚兒爲了飼餌，作了鉤子下的遊魂；鳥兒爲了啄食，喪生在獵人的網中。所有的動物都是爲了食物的誘惑，因而犧牲了生命，可見誘惑的力量是強大的，它能夠吸引你犧牲生命都在所不顧。

飛蛾投火，春蠶作繭；色不迷人人自迷，這一切都是因爲沒有抵制的力量，所以才在誘惑下喪失了生命。

誘惑是我們的敵人，不是我們的朋友。國家的法制，社會的輿論，其實都在幫助我們，鼓勵我們不可以在物欲面前敗仗。我能不受誘惑，誘惑的外境就會成爲我的俘虜，可以爲我所用；我淡泊自持，我節儉生活，我體念物力維艱，我守道守德，就不會爲物役所累。一個人只要能訓練自我內心的力量，不受外境的誘惑，所謂「猶如木人看鳥花，何妨萬物假圍繞」，自能過一個逍遙自在的人生。

《人間福報》二〇〇一年八月三日

公雞性格

人，有各種的性格，若用動物來比，人也有很多像動物的性格。例如：湖南人有騾子的性格、上海人有孔雀的性格；此外，還有大象的性格、駱駝的性格、狐狸的性格、駝鳥的性格。甚至有人說，日本人有鴨子的性格，中國人有公雞的性格。

所謂鴨子的性格，就表示日本人肯服從領導，有團隊的精神。正如一隻老母鴨在前面走，後面的小鴨子就會一直跟著母鴨走，絕不會離開隊伍。

日本人的鴨子性格，可以從旅遊時看得出來。日本的旅行團，導遊只要拿著一支旗子在前面走，後面的日本人都會跟著隊伍走，絕不會脫隊。而中國人被比喻爲公雞的性格，因爲中國人不喜歡排隊，走到那裡，都是三三兩兩，各自懶散地走路。

尤其，公雞不喜歡別人比他偉大，只要見到另一隻公雞抬頭高叫「咕，咕，咕」，另外一隻公雞就會張著翅膀衝向前方，啄其頭冠，使其不可昂首高叫，此即是見不得別人好也！

中國人的這種性格，養成了「寧爲雞首，不爲牛後」的脾氣。也就是說，中國人，人人自

大、自高，大家都想稱雄於一方，而不肯落居於人後，此即公雞的性格。

其實，一台戲，如果每一個人都爭著做主角，誰來做配角呢？每個人都爭著排名第一，誰來排名第二、第三呢？所以現在的金馬獎、奧斯卡金像獎，都設有最佳配角獎。

不只演戲要有配角，一個機關團體裡，一個出色的主管，也需要有最佳的助理；如果人人爭做主角，人人想做老大，光是有公雞的性格，何能成事？

人的性格，還有的吃硬，有的吃軟；有的隨和，有的執著；有的外向，有的內向；有的大方，有的孤僻；有的自私，有的爲公；有的損人，有的則具有利人的性格。

此外，法國人有浪漫的性格，英國人有紳士的性格，德國人有英雄的性格，澳洲人有義工的性格，美國有自大的性格。

我們中國人固然不必一定要去學習法國人等的性格，但是公雞的性格也不一定受人歡迎，我們何不把中國的民族性改爲大眾的性格、集體的性格、團隊的性格、統一的性格、團結的性格、忠孝的性格、講義的性格、慈悲的性格、柔和的性格；更重要的，就是把我們自己由公雞的性格改爲老二的性格吧！

《人間福報》二〇〇一年八月四日

肅靜

往昔，迎神賽會的時候，總見有幾位大漢，手拿「迴避」、「肅靜」的牌子，用以告示路人，切莫吵雜擾嚷。

到了現代的文明社會，也都強調「輕聲」是文明的象徵，到處注重「肅靜」的生活空間。例如乘坐飛機、火車時，也要看這個車廂安不安靜；甚至公共場所裡，也都到處懸掛著「肅靜」的牌子，以免群眾擾亂喧嘩。

一場電影演出前，先叫你要「肅靜」；一場集會開始前，也是叫你要靜穆。一些人外出旅行，並非爲了欣賞風景，也非爲了追逐熱鬧，而是爲了遠離塵囂，享受一下大自然寧靜的氣氛。

寧靜、肅穆，是現代人追求的生活品質；身爲現代人也要有現代人的素養，舉凡在公共場合，大眾集會的時候，乃至一場講演進行當中，千萬不要任意走動，也不要吱吱喳喳，大家要肅靜，這是聽講的條件，也是對講者的尊敬與禮貌。甚至一場會議，任何一個人發言，大家也都要專心聆聽，不可私自對談，不可竊竊私語。

有人說，中國人最不重視公共禮儀，例如宴會時，本來自有招待人員迎賓入席，就是不希望宴會廳中有人穿來插去，嘻鬧喧嘩。但是中國人就是無視於這些禮儀，就愛彼此寒暄，一點都不寧靜，所以世界各國人士都批評說，最不愛寧靜的就是中國人。

你看，不管在哪個地方，只要有人走動、講話，你不必問，就知道那是中國人；在船艙裡、飛機上，只要聽到有人吵雜不休，就知道有中國人的存在；旅館房中，傳出很大的聲音，必然是中國人無疑。

中國人的家裡，如果有讀書的兒女，他也都要到其他的場所去找一個寧靜的地方唸書，以遠離家庭的喧囂吵鬧。即連學者寫一篇文章、報告，他也要找一個寧靜的地方才能完成，可見得我們的社會到處都是聲音。聲音、聲音，肅靜多麼的難找呀！

有一群旅行者到一個名山寶剎參觀，卻一直開放著隨身帶來的收音電唱機。寺中人員上前勸導說：「朋友，你們來此不就是希望獲得一點

寧靜的氣氛嗎？你開著電唱機，連在這種地方都要用聲音來麻痺自己，完全沒有一刻的寧靜，怎麼能生出智慧來呢？」

誠哉斯言！儒家也說：「知止而後能定，定而後能靜，靜而後能安，安而後能慮，慮而後能得。」沒有肅靜，那裡有安寧呢？所謂「寧靜致遠」，佛教也講究寂靜；靜，才能擁有禪心，才能通達，才能和聖賢交流，所以靜默是一種涅槃的境界，唯有靜，才是最大的享受！

《人間福報》二〇〇一年八月五日

一時與一世

感動是一時的，感恩是一世的；榮耀是一時的，影響是一世的；受戒是一時的，持戒是一世的；委屈是一時的，成就是一世的。

一時或是一世，誰長誰短？一般人當然認爲一時是很短的時間，一世是很長的時間；其實眞正說來，一剎那間都有三大阿僧祇劫，因此雖是一時，那裡不是一世呢？

修道的人，精進用功，不畏艱難挫折；辛苦是一時的，成道後的法

樂則是永恆的。世間凡夫，爭強鬥狠，因爲難忍一時的瞋恨，造成的災殃影響是無限的，故而不忍一時之氣，終將造成無限的悔恨。

說話，有時候不經意的一句話，「一言能興邦，一言也能喪邦」；一句話，能把一個人說得稀爛，一句話也能讓一個人死裡復活。所以是好是壞？是生是死？常常都是因爲一句話；一句話是一時的，傷害是永久的，吾人豈能不愼防一時的失言！

現代的青少年，血氣方剛，常常爲了逞一時之勇，飆車比速度；但是，飆車刺激是一時的，傷殘抱憾是終生的。爲了逞一時之快，留下終生的悔恨，值得嗎？

學生沉潛用功，讀書學習；辛苦是一時的，成就的結果是一生的。懂得養深積厚的人，莫不寧用一時的辛苦，換取最好的一世。

男女相愛，結婚典禮是一時的，生活相處是一世的。爲了一世的生活美滿，彼此應該不忘一時的承諾，如此才能相守一生。

民主選舉，選票是一張，選出來的公職人員，他的影響是廣大的；投票是一次，影響到全民未來的政策，那是無限的。

一時的，表示很快就會成爲過去；一世的，則是代表恆長的未來。世間上，再苦的事，如果你想到「那是一時的，馬上就會過去」，如此一想，再大的辛苦，再多的逆境，都能突破、都能克服。世間上，再快樂的事，你也要想：那只是一時的！有此認識，你就不會留戀，貪圖不捨。對於苦樂都能捨的人，還有什麼事情不能成功呢？

所以，做事時，不妨告訴自己：利人是一世的，辛苦是一時的；有此一念，自然會鍥而不捨的努力，終能堅持到底，直達成功。

人的一生，一時種下的因，其產生的結果可能影響及於一世，甚至牽動生生世世的禍福安危，因此吾人豈能不慎於一時的言行舉止呢！爲了我們的一世，甚至生生世世，凡事一定不能不注意「一時」的因果！

《人間福報》二〇〇一年八月六日

眼睛與嘴巴

眼睛、耳朵、嘴巴、鼻子、身體、心靈，在佛教裡稱爲「六根」，又叫「六識」。透過六根——眼、耳、鼻、舌、身、心來認識世界的「六塵」——色、聲、香、味、觸、法，這就構成了人的身心活動。

六識在一個人的身上，都是非常的重要。人體的村莊，主人翁的村長是心識；眼睛、耳朵、嘴巴、鼻子、身體，是隨從心識所生起的，所以又叫「五俱意識」。

眼睛看東西，必須具備九個因緣，才能有彼此的作用。嘴巴能說能唱，壞的人事能說成是好的，好的人事也能說成是壞的；滔滔不絕的善惡口業，也爲人生帶來許多的痳煩。

六識中，身體好像一個村莊，五識好比探子；鼻子、眼睛、耳朵、嘴巴、心靈，你那一識用得比較多呢？你是喜歡看得多呢？還是喜歡聽得多呢？是喜歡吃得多呢？還是喜歡用嘴巴說的比較多呢？

假如你稍微注意一下，中國同胞都比較不喜歡用眼睛看，也不喜用耳朵聽，而喜歡用嘴巴說。例如一個觀光團到了海外去旅行，進了飯店，導遊先生集合大家說道：在我左手邊是一個餐廳，大家六點鐘進去吃飯；在我右手邊是一間廁所，大家可以去方便。

導遊說了以後很放心，因爲餐廳、洗手間都還有指路牌，大家可以循著前往。但是講完解散後，總有人會問：王導遊，洗手間在那裡？導遊聽了要生氣也不是，不生氣也好笑，剛剛不是才說過了嗎？你爲什麼沒有聽到呢？再說，明明也有指路的標誌，你為什麼又要再問一次呢？由此可見中國同胞，不管你講什麼，他都不注意聽，你寫什麼，他也不注意看，總認為到時候問一下，就可以解決問題了！

其實，眼識九緣生，耳朵更加有用處。遠處的東西，眼睛看不到，耳朵可以聽得到；隔壁的東西看不到，聲音可以聽得到；過去的事情看不到，你重說一次，我還可以聽得到。眼、耳各有專長，可惜大家不利用，只利用經常造成口舌是非之爭的嘴巴，大家都相信它，總認為要說了才算數。

所謂「親眼看的」、「親耳聽的」、「親自說的」；說者是是非非，聽者也會眞眞假假，只有看的，才是最為眞實。因此，吾人實在應該多多利用眼睛來看看這個世界人生，而不要凡事只靠耳朵和嘴巴。

《人間福報》二〇〇一年八月七日

增加能力

飛機經過了不斷的研究發展，已增加了飛高、載重和遠途航行的能力；汽車的研發，也有一千二百CC、二千四百CC、三千六百CC等不同馬力速度的車種。千里馬日行千里，因爲它有能量；大象承載數千公斤，也因爲它的能量。人能承載多少能量呢？

說到人能承載的能量，也是很偉大的。例如：家庭的生活負擔，父母養老的日用所需，兒女讀書的教育經費，以及醫藥、旅行、交際等種種的負擔。乃至心上的煩惱、憂愁、苦悶，甚至世間上的國事、人權、思想等等，都壓得自己抬不起頭來。而人還要自恃有力，總像老牛破車

一樣，一再的承載著世間各種的壓力，並且不斷地努力向前奔馳。可以說，一個人承載著人生的榮辱、好壞、有無、得失，實在是非常的艱難辛苦。因此，吾人不得不訓練自己，增加自己的能力，把人生的酸甜苦辣、榮辱毀譽，一起承擔起來。

如何才能增加能力？讀書就是爲了增加能力，訓練也是爲了增加能力，乃至修行、磨鍊，都是爲了增加能力。別人能幫助我們的，只是一點力量，因緣也能助成我們一些力量；我們要把力量隨心隨身儲備。當我們遇到某一種境界時，要靠自己來發掘力量，要隨時能夠應付，否則求天、求地、求人，有時候外力不能幫助自己，你就是怨天尤人，又如之奈何？

佛經說，力量來自於五種：一是信心，二是精進，三是正念，四是定力，五是智慧。

「信心」就是力量！再高的山頂，你有信心爬上去，中途的流汗、氣喘，都不會打敗你，因爲有信心，就有力量。精進、勤勞，不藉口拖延，不懶惰懈怠，一心振臂而起，產生的精進力量，就猶如無比的電力，能爲自己承擔重荷。

「正念」就是正當的思想、正當的思惟、正當的的見解。所謂「邪不克正」，混亂、散漫、複雜，都不敵一個正念。

「定力」就是對自我的肯定。有了定力，儘管金錢美色當前，你都能如如不動，就像一潭靜止的湖水，清澈見底。你有了定力，還會看不清人間的是非得失嗎？

「智慧」對人生尤其重要。有的人做了一年的勞力，所得有限；有的人「智者一言」，無價財富。所以要開發自己的智慧，讓智慧來處理我們的感情，讓智慧來引導我們的思想，讓智慧來指導我們的工作。

一場戰爭，要比誰的戰力大，誰就能贏得戰爭；情侶的三角愛情，要看誰的魅力大，誰就能贏得愛情；商場上，誰的資本財力雄厚，誰就能贏得商機；人際間的較量，也是要看誰的心裡能源多、誰的智慧高，誰就是人生的勝利者。

信心、精進、正念、定力、智慧，就是我們的能力！

《人間福報》二〇〇一年八月八日

社會新鮮人

每年七、八月間，總有許多大專院校或職業學校的畢業生，投入社會的工作行列裡，幾近十萬的青年學子，都號稱爲「社會新鮮人」。

這一群社會新鮮人，當初在校的學費、生活，都由父母供應，學業方面，都由師長給予教導，無憂無慮，天之驕子，享受國家和社會的資源。但一到畢業，就要自食其力，在各種工作的門口徘徊，甚至於要面對職業的風雲險惡，也就沒有往日的愜意了。

當中，有的人有好因好緣來找他，有的人好因好緣從他身旁輕輕擦過，有的人到處找好因好緣，難得如願。所以這一群社會新鮮人各憑本

領，必然要使出渾身解數，找尋一個工作機會。既可以賺錢養家活口，孝養父母，又可以服務社會，積功培德，從服務中更能夠創造出未來的機緣。

有的社會新鮮人希望飛黃騰達，一步登天，天何其高哉！有的人因爲想得高，跌得重，地何其硬哉！社會形形色色，看得多，得不到，人情厚薄，此時社會新鮮人已略有體會了。無奈人情冷暖，厚薄難量，得失當前，想要稱心如意，何其難哉！經過短暫的努力，往往像鬥敗的公雞，徒呼奈何，這是一般新鮮人的實況。

《華嚴經》裡的「十法界」，每界中又有十法界，所謂「百界千如」，就好比世間三百六十行，你在那一個行業才能找到你的歸屬，登上狀元的寶座？既要有能力，又要時間，天下沒有白吃的午餐，每個人都要有「白手起家」的本領，從無到有的奮鬥；如果不能，也要藉助社會眾人的關係，先爲別人奉獻之、助長之，等到因緣成就，或許才能透出一點未來成就的氣息。

有人問：社會新鮮人的前途在那裡？在勤勞奉獻裡！在忠誠工作裡！在辛苦耐煩裡！在廣結善緣裡！在樂觀進取裡！如果社會新鮮人有技能，有美德，有精勤，有因果觀念，凡事則無有不成。

現在這一群社會新鮮人，有的人像龜兔賽跑，不在快慢，但重在耐力；也不在一時花葉婆娑的美麗，當風雨來時，要禁得起考驗！在人生的旅途上，社會新鮮人春風得意，如不把握，當春天過去了，面臨秋霜冬雪的時候，又怎麼辦呢？當失意潦倒，工作無門，你沒有「聞雞起舞」的精神，又何能成就？黃金寶石久藏在山中，幽蘭生長在懸崖峭壁，金光芬芳，自然會有人找到你。

各位社會新鮮人，你們能對社會貢獻多少，社會自然給予你多少！至於前途在那裡？前途就在你的本身！你的世界，你的前途，就看社會新鮮人你們如何自己去創造了！

《人間福報》二〇〇一年八月九日

多元文化

有人說，多元文化是中華文化的特色；漢、滿、蒙、回、藏，各種民族都有各種的文化。中華文化包容各種方言、各種習慣、各種信仰、各種風俗，這些都是中華文化的「多元文化」。

現在多元文化慢慢地在中華文化裡沒有力量了，例如：今日的台灣，此地人不容彼地人；此黨人不容彼黨人。所以，中華文化裡彼此不相容，更加造成褊狹、排斥，就愈來愈不像中華有容的文化了。反而現在世界上其他的國家，因爲移民的政策，使他們的文化愈來愈多元化，愈來愈引導他們的世界觀。

什麼是多元文化呢？例如美國、澳洲等，都是多元文化的國家。他們接受移民，讓世界上各種族到了他們的國家，都能融和在一起。你看，到了美國的紐約、三藩市、洛杉磯；到了澳洲的雪梨、墨爾本等，來自世界各地的種族：德裔、意裔、英裔、美裔，乃至於華裔，他們都居於一個社區，一棟大樓，那才是眞正做到種族的融和呢！

所謂「多元文化」，一個文化節目裡，各個國家、各種族裔、各種文化，可以盡情的表演，互相觀摩，互相欣賞，互相引以爲樂，這才叫做多元文化，這才是多彩多姿。

一場集會，有講英文的，有講西班牙文的，有講日文的，有講韓文的，有講俄語的；雖然要經過多種的翻譯，但是大家不會顯得不耐煩。因爲大家尊重不同的文化、包容不同的文化；因爲有尊重、包容，讓各種文化、各種語言都能存在，所以這才叫做眞正的多元文化。

在學校裡，小學、中學、大學，說各國語言，穿各國服裝，信仰各國宗教，一概不會受到歧視；因爲相互尊重，才有多元文化。

在多元文化的國家裡，各種就業的機構中，不會排斥別的文化，反而對於少數民族有特別的保護，例如工程發包，對於少數民族，公家必定保留相當的比例，讓他們得以生存。

在多元文化的國家裡，走在街頭上，就像萬國博覽會，形形色色的人種，眞叫人看出多元文化的偉大，更看出包容多元文化的國家偉大。

反觀中國的民族，雖然種族也多，但是多居於邊疆，沒有各族融和。甚至就以台灣的社會來說，最初台灣人不容大陸人，這就是文化認知上的一個怪現象。再繼而台灣人、大陸人不容原住民，原住民多年來一直受著歧視，可見得台灣文化已經不是多元文化了。台灣的文化互相侵凌，互相擠壓。例如，大眾傳播媒體講國語，不准講說台語，激怒台語分子，講台語的人也不肯承認客家語言，所以這個民族間沒有彼此的相互尊重與包容。

福建居民的村莊，很少見到客家人士；客家人的社區，也很少見到福建人。如此經過多年的慘痛教訓，一直到目前才聽到種族融和的聲音，聽到各種族語言受到尊重的聲音，甚至各黨派友好相處的聲音。可以說，中國的多元文化是從多麼痛苦中，才不斷產生的呀！

希望我同胞都能相助相諒，相互包容；在先進的國家裡，異族都能包容，何況我們都是炎黃子孫呢？

《人間福報》二〇〇一年八月十日

人人做警察

警察是人民的公僕，總統也是人民的公僕，凡是公務人員都是人民的公僕；舉凡現代民主的國家，都有這樣的共識。

警察執行任務，除暴安良，維護公共秩序，只要是會危害到社會安全的人事物，都是警察執勤的範圍，都應該承辦處理。

警察的任務多而且大，諸如抓賭抓娼、防火防盜、緝拿罪犯、稽查逃漏稅、防止走私販毒等。甚至車禍的處理、交通安全的維護，還有肅貪掃黑、鎮暴止亂，乃至竊盜國土、貪贓枉法等，凡是不公不正的事，都要報請警察處理。可憐的警察，任務之多，工作的艱鉅，以及身處各種危險的壓力，有時還要遭受各方的指責，眞是令人敬佩，但也不免要感歎「警察難爲」啊！

其實，一個國家之大，不是靠幾個警察就能保護國家的安全，就能維持社會的秩序，這需要靠全體的國民「人人做警察」。「人人做警察」，這是每一個現代進步的國家，人民應有的共識。然而中國人幾千年來，已經習慣於「各人自掃門前雪，不管他人瓦上霜」，所以養成抱殘守缺，不熱心公共事務。甚至有人說：天掉下來了，也讓高個子頂住！人人坐享其成，這一種社會怎麼能進步呢？

所以，現在的社區喊出「守望相助」的口號，就是要大家一起來維護社會的安全，大家一起來取締破壞社會的宵小。

中國古代也出了一些遊俠，他們維護公理正義，捨我其誰？因此受

到社會的尊重。但這畢竟只是少數，假如今日全體的國民，大家都有「人人做警察」的心理，這就是人人都是俠義中人，何樂而不爲呢？

中國人的民族性，凡是自己的利益受到別人的侵犯，就會不惜一切的訴訟、打鬥、遊行、示威，這表示自力救助；但是換成別人的利益受損，就抱著「多一事不如少一事」的心理，不肯奉行公義，盡力保護，所以樹葉子掉下來也怕打破了頭，這就是懦弱。

在美國，東方的兒童不懂得遵守公共秩序，不懂得維護社區的環境，喝完汽水後，任意把空罐子隨手丟棄，後面的老婆婆看了非常不以爲然，命令兒童撿起來，兒童以東方人的口氣說：「關你什麼事？」老婆婆說：「怎麼不關我事，你亂丟東西，製造垃圾，污染環境，我們社區的房地產會跌價，這就跟我有關係！」這位老婆婆就是人人做警察的模範。

在西德，東方的青年住在公寓裡，任何時刻都是開著電燈，另外的房客看不過去，叫他關掉。東方青年說：「關你何事？」房客說：「你浪費能源，使國家陷於貧窮，怎麼不關我事？」

佛教對於公共秩序的維護，著重在舉過，因爲有人舉過，才會不犯過。所以，人人做警察，這是現代人應該建立的共識。

《人間福報》二〇〇一年八月十一日

成佛以後

佛教主張「佛性平等，人人皆得成佛。」所謂「即心即佛」，又謂「佛是已覺悟的眾生，眾生是未覺悟的佛」。所以，在成佛之前，大家都是一樣，是一個「藏佛人」。成佛之時，自己已經把精神、生命、眞心，融入到大宇之中，和眞理同在。眞理是無處不遍，無所不在；佛性眞理遍滿虛空，在大宇之中，享受自

然、平和的法性之樂。

直到成佛以後，佛陀的法身可以繼續安住在寂靜的法性裡，也可以如如而來，應現世間，開導眾生，像釋迦牟尼佛應化世間，給予眾生示教利喜，應病與藥，把般若眞理的種子，播向一切眾生的心田，給予眾生做一個得度的因緣。

成佛後的佛陀，示現凡夫相，作眾生的津梁，背負眾生渡生死海，登涅槃岸。成佛後的佛陀，一樣晨起托鉢、經行、教化、入定、靜思、運動，慈悲教化眾生，帶領他的教團作世間眾生的明燈。

成佛後的佛陀，是常精進、是不休息、是大慈悲、是大般若，是大勇猛、大威力總合的聖者。他把信解行證融和在一起，他把慈悲喜捨融入於一體；他不重空談、不尚虛浮，他事理圓融、福慧同等；他行化於

宇宙虛空之中，就好像「千江有水千江月，萬里無雲萬里天」。

唐朝的順宗皇帝曾問佛光如滿禪師道：「佛從何方來？滅向何方去？既言常住世，佛今在何處？」

如滿禪師答道：「佛從無爲來，滅向無爲去，法身滿虛空，常住無心處。有念歸無念，有住歸無住，來爲眾生來，去爲眾生去。清淨眞如海，湛然體常住，智者常思惟，更勿生疑慮。」

唐順宗聽後，心中仍有疑慮，於是又問道：「佛向王宮來，滅向雙林滅，住世四十九，又言無法說。山河與大海，天地及日月，時至皆歸盡，誰言不生滅？疑情猶若斯，智者善分別。」

如滿禪師再答道：「佛體本無爲，迷情妄分別，法身等虛空，未曾有生滅。有緣佛出世，無緣佛入滅，處處化眾生，猶如水中月。非常亦非斷，非生亦非滅，生亦未曾生，滅亦未曾滅，了見無生處，自然無法說。」

佛陀不是來無影去無蹤的神明，佛陀是一個活生生、有歷史可考的聖者；成佛後的佛陀，也不是不食人間煙火的仙人，而是心懷度生慈悲願的人間佛教行者。從佛光如滿禪師與唐順宗之間的問答詩偈，足以爲證。

你也是佛！你怎麼做呢？

《人間福報》二〇〇一年八月十二日

處事禮貌

做人處事什麼最重要？信用、誠實、禮貌最重要。現在講說處事的禮貌：

別人看你有沒有學問，先看你有沒有禮貌；別人要不要和你結交朋友，也先看你有沒有禮貌。有禮貌的人，人人歡喜；沒有禮貌的人，人人討厭。

周朝的周公旦爲人崇拜，因爲他一直教人禮貌；孔子爲人稱道，因爲他從童年就開始學習禮貌。有禮貌的兒童，會孝敬父母，會誠實守

法，會勤勞工作，會有成功的將來。

有禮貌的孩子不會變壞，有禮貌的青年會知道上進，有禮貌的成年人會增加他的聲望，有禮貌的老年人會讓人樂於和他親近。相反地，沒有禮貌的大官，給人鄙棄；沒有禮貌的家長，子弟都看不起；當然沒有禮貌的同事、同學、同鄉，更加叫人不屑與之來往了。

舉一些處事的禮貌作爲做人的參考：

一、拜訪他人，先要約定時間，不可誤時；講話簡要，甚至先告之對方談話時間長短；沒有約定，貿然造訪，令人措手不及，惹人生厭。

二、現代社會，大家常用電話；電話禮貌，先報自己的姓名，再請教對方。長話短說，不可重複，時間以短爲好；不要忘記說「請、謝謝、對不起」。

三、用餐時，先認清自己的身分，應坐何位，不可貿然上座；吃飯時，應保持用餐的風儀，不可一面咀嚼飯菜，一面說話。別人講話要以眼注視，不可只管自己吃用；現代大多有用公筷的習慣，不可冒犯越規。

四、乘搭他人座車，應知乘車的長幼秩序，不可任性而坐。如乘搭火車、公車，應知排隊的習慣，從容不迫，不可慌張失措。

五、和人應對，要表示坦誠、親切，答問之間，要讓人感受到你的誠懇、謙虛，不可與人妄自高論；尤其，問答之間不可說話太長，三句五句即可告一段落，要知道這是對談，不是長篇大論的演講。

六、開會時，應該準時出席，不可遲到。如有意見，應在適當的時間提出，不宜放言高論，喋喋不休。別人的不同意見，應予尊重；一再執著，有我無人，實爲無禮之極。

七、每天上班都應該準時，到達時最好先和主管打個招呼，學習請示和報告；這不但是責任，也是禮貌。上班時，不可抽菸閱報，桌上的文件不可亂放；對同事應該和善幫助，凡事要求周全，這是工作的禮貌。

八、在家庭裡，即使父母、兄弟、夫妻、兒女，也宜以禮相待；對別人的尊重，也就是對自己的尊重。

說到禮貌，實有多種：眼看、耳聽、舉止動作、言談表情，在在都要注意莊重；不但讓人接受，還要給人欣賞、要想做人處事，就得記住「禮貌第一」。

《人間福報》二〇〇一年八月十三日

要檢舉黑手

一個國家，有人做奸臣；奸臣者，黑手也！有的團體裡，有人吃裡扒外，不顧自己機關團體的立場，此亦即黑手也！

任何地方，任何團體，都有一些黑手。黑手者，就是他所說的意見，經過他自己的規劃，讓人不知道是他所為。他在黑暗中策動，他在黑暗中遙控，說些風涼話，挑撥離間，擾亂一個團體大眾，致使不能和睦相處，不能平靜安寧，此即黑手所造也！

例如：黑手甲說：我有個祕密告訴你，我們的主管要把你們外省人通通裁撤，你可不能說是我說的喔！聽者聞言，從此痛恨主管，身心不安，故意和公司作對。你問他消息從何而來？他說我不能出賣我的朋友！

黑手乙說：老師近來注意你抄襲別人的文章，說你自己不用功，對你的人格也大打折扣，這些話你可不能給老師知道是我說的喔！聽者為同學保守秘密，但他因此對老師心生怨恨，認為老師不公平、不友善，所以專門想出各種方法來修理老師，使得師生之間的情誼就這樣被這位黑手一手操縱。

黑手丙說：我們的主管對人家說，你對公家團體毫無貢獻，這次出國觀光旅行，他絕不會給你機會；你可不要說是我說的，我只是給你訊息，讓你小心應付。此一聽者不問青紅皂白，覺得主管私心自用，忽略自己的貢獻辛勞，於是心中暗暗發誓，大家走著瞧！此亦即黑手導演之成績也！

世間上，這一類黑手好像無所不在，無所不有。可惜人類的弱點，常常被這些黑手所利用。保護黑手，忍心讓師長、團體，處於被害之中。所以，不要輕易聽信黑手的讒言，不要輕易聽信黑手的搬弄！

所謂「是非止於智者！」遇事你應該要用你的經驗來判斷、來處理問題，或者你就跟你的主管把一切事情的原委，講清楚、說明白。甚至於進而要檢舉黑手，讓黑手無所遁形，如此你的主管、團體、朋友、就不會被黑手所操控，大家也就都得平安無事了。希望大家都有檢舉黑手的道德勇氣，阿彌陀佛！

《人間福報》二〇〇一年八月十四日

茶果文化

西方人有喝咖啡的文化，東方人也有喝茶的文化；西方人有卡片文化，東方人也有糖果文化；西方人有飲酒文化，東方人不但有飲酒文化，還有賭博文化。

人與人之間聯誼交往，各個種族、各個國家、各個地區，都有一些不同的文化。過去中國人來往，有所謂點頭之交，西方人也有握手之誼，甚至官場貴族更發展出擁抱、接吻等社交禮儀。

中國人，如果有事情需要拜託他人幫忙，就會自告奮勇的說：我和他有點頭之交；有了困難需要請人解決，一籃水果、一盒糖果餅乾，往往就能獲得很大的幫助。

朋友之間有了一些誤會，也以請他喝茶來消解誤會；如果想要結交某人，也請人介紹他來茶敘，以助識荊。世界上的問題，大部分都可以在飯桌上解決；其實更簡單的，茶會就能解決很多的紛爭。乃至現在已不只是解決兩個人之間的問題，許多國家大事、社會問題、鄰里社團、專業討論，凡是有事，備辦茶果，找個地方聚會討論，總能取得共識。

戰場上多少的槍炮子彈，損傷了人命；斗室中的茶水、咖啡，卻能解決多少人間的紛爭。古人的煮茗清談，運籌帷幄之中，決勝於千里之外。英國人的行政制度，也是靠著幾個人在一間小房子的閣樓上，共同訂出治國平天下的方法，所以稱爲「內閣」。

有名的趙州禪師叫人「吃茶去」，可以開悟；陸羽品茶，尊為「茶聖」。中國的茶到了日本成為「茶道」，茶道已成為高級禮儀，成為紳士淑女的典範。可惜現在多數中國人時興以喝汽水、沙士、礦泉水、橘子汁等各種飲料來代替飲茶；然而茶的功用，不只在消痰止渴，茶有潤肺健身等更多的功能。尤其一杯老人茶在手，三五好友，一邊品茗，同時還可天南地北的暢談家事、國事、天下事，不但增長見聞，溝通情誼，人生無限的樂趣，可以說盡在其中矣！

現在世界上很多國家，都已在學習種茶，所以希望中國人能繼續發揚「茶果文化」，同時提高茶藝的品質與內涵，千萬不要被西方人的咖啡文化給打倒了。

《人間福報》二〇〇一年八月十五日

和自己競賽

人生，是一場無止境的馬拉松競賽。從幼稚園、小學讀書開始，就需要比賽；考試制度，就是一場競賽！

女孩子，誰長得漂亮，暗自較量，就是競賽；誰的身材長得高，長得窈窕，也是競賽。誰家的父母官位最大，誰家的房屋最寬廣，也是競賽。商場的競賽，工業的競賽；農產品、科技產物等，都要競賽。可以說，各行各業，爲了競賽，都在全力以赴！

競選中國小姐，競選中華先生；歌唱要競賽，美術要競賽。國與國之間，軍備的競賽；奧林匹克運動會，體力的競賽。世界上各種的競賽，無處無之，無人無之。達爾文先生的「進化論」：「物競天擇，適者生存」；這就說明了競賽的道理。

萬種的競賽，都沒有和自己競賽來得重要！贏了別人，不算眞的勝利；贏了別國，也不算眞的強大。競賽，要贏得自己；向自己競賽，勝利了的人，才是眞的勝利者。

怎麼和自己競賽呢？梁啓超先生說：「今日之我，不惜向昨日之我宣戰！」人的道德、學問、能力，要「苟日新、日日新、又日新」；不斷的創新，不斷的進步，不斷的提出對人間的貢獻，這才是一個勝利者。

人都有貪心，你能把貪心減少，你不但贏了別人，也會贏了自己。瞋心、嫉妒、驕慢、執著，都是自己的弱點，如果你能夠把這許多惡習

去除，你不但會戰勝別人，更會戰勝自己。

慈悲、喜捨、樂觀、進取、精進、慚愧、內省、公德、無私、正義；這十門功課總分是一百分，你平均及格否？你每項給自己幾分？或者你可以讓別人給你評分，你能及格嗎？你能戰勝自己嗎？

歷史上，佛陀和其他宗教的聖者，他們都是戰勝自己的人；歷代的聖賢豪傑，他們也都是戰勝自己的人。所謂「戰勝自己」，就是戰勝私欲、戰勝執著、戰勝愚昧、戰勝無明；如果你能化私爲公、化執爲捨、化愚爲智，化無明煩惱爲菩提正覺，你就是一個戰勝自己的人了！

各位讀者們，爲了你們能夠戰勝自己，而來歡呼、祝賀吧！

《人間福報》二〇〇一年八月十六日

種族融和

美國是一個開放移民的國家，除了美國本土的人民以外，各國的民族：猶太人、墨西哥人、西班牙人、法蘭西人、德意志人、俄羅斯人，甚至華人當中，又有廣東人、閩南人、台灣人、大陸人等，還有亞洲的日本人、韓國人、馬來人等。儘管種族再多，美國大冶洪爐，融爲一體，誰要挑起種族間的感情衝突，就會受到法律相當的制裁。偉哉美國，能包容也！

世界之上，國與國分，地與地分，尤其人與人分，最爲危險。世界上，最難處理的問題，不是貧富，不是智愚，最難處理的就是種族問題。

就以中國來說吧！五族共和，漢滿蒙回藏，也是千百年的情結，始終擾亂著中國的政局，難以安寧。一直到孫中山先生倡導五族共和，過去百年以來的種族情結，才慢慢得以獲得和解。

種族的紛歧，有的是地理環境的使然，有的是語言風俗的習慣，有的是人種膚色的不同，致使大家排除異己。就算是在同文同種的種族裡，也會有貧富貴賤之分；不同的種族裡面，更劃分了種種的不同，產生種種不能相聚的情結。

異國鴛鴦，尤其成爲近年來各國父母不能接受，但又不得不面對的問題。儘管現在異國通婚的情形日愈普遍，但是你幾曾見過白人的婦女嫁給黑人嗎？在種族裡面，語言、習慣的不同，還可以用時間來慢慢改變，但是膚色的不同，就不容易改變了。

所幸現在科學發達，科學家已經發現，人類基因有改變的希望。現在不但有複製羊、複製牛，甚至還可以複製人。假使未來科學家能夠改變黑人的基因，讓黑人一出生就成爲白人，這不但可以獲得世界諾貝爾和平獎，而且可以說是科學界的偉大之功。

國際佛光會多年來一直鼓勵大家要做「地球人」！我們生存在世界之上，可以說都是生命共同體，因此，能夠有「同體共生」的思想、理念者，才有資格成爲二十一世紀的現代人也！

《人間福報》二〇〇一年八月十七日

黑函與黑心

在台灣的社會，幾十年來流行一個黑函文化，有些人士不知道出於何心，他不到法院告狀，也不向警局檢舉，總喜歡用黑函投書，檢舉別人的違法。

台灣的官員，常常為了一塊錢郵票寄來的一封黑函，就有多少人忙著調查，忙著追問，所以一塊錢能打亂了一個政府的步調，甚至一塊錢就能打倒一個人。

其實，黑函是製造社會亂象的根源。投書黑函者，既然是要檢舉別人，何必躲在暗中，用暗箭傷人呢？何不堂堂正正的檢舉？台灣不是有檢舉匪諜的辦法，檢舉人還可以立功得賞，可見根本不需要用黑函。但是發黑函的人，他的心理必定是基於仇恨，基於私利，基於報復，基於給人打擊。發黑函的人，乘一時之快，所費不多，只要一塊錢的郵票，就能置人於死地，所以應該說：黑函者，乃黑心人所發也！心不黑，又怎麼會有黑函呢？

在歐美先進的國家，也有黑心人投書黑函者，但是治安機關、法院機構，甚至任何團體收到黑函後，都會先追查發黑函者，你基於什麼心理、什麼理念、什麼想法、什麼態度投書此一黑函？對於收到黑函後，先從投書黑函者查起，而後再到被檢舉者，顯然先進國家處理事情，一切都比較公平。

一九八〇年左右，佛光山正在美國籌建西來寺，旅居在三藩市的宣化法師，向美國政府投書，要他們禁止西來寺的創建。美國政府將其投書的黑函先寄交給西來寺的主事者慈莊法師，慈莊法師大驚，認爲麻煩來也！但美國政府反而安慰說：你不要驚慌，美國政府不是由宣化法師主持的，我們自有公平、民主的法律。

由於美國政府的民主公平，使得投書黑函的黑心宵小之輩無所遁形。其實，要在社會上立足，人與人之間的利害關係，的確非常複雜。各人爲了自己的立場，對不以爲然的人事，看法必然不盡相同。甚至爲了利益衝突，糾紛也必然有之，但大家應該理性的訴之於正常的管道，或由各自的社團、教會、法律、法令來公平處置，實在不必動不動就發黑函，在黑暗中讓人看不到你的面目，你不是黑心人是什麼呢？所以，對於經常慣寫黑函者，不禁提出善意的勸告。

《人間福報》二〇〇一年八月十八日

時間的長短

時間，除了我們平時計算的一小時、二小時，一天、二天，一月、二月，一年、二年，一世紀、二世紀以外；在佛教裡，最短的時間是「剎那」，最長的時間名為「阿僧祇劫」，就是無數。

其實，時間沒有長短，心念一動，一剎那中可以上到天堂、墮入地獄；如是頑石，天長地久，亦復如是。因此，佛經說，少壯一彈指，六十三剎那；無量阿僧祇劫，也只在一念之中。

歷史上，鄭成功、楚霸王、唐太宗、武則天，都在三十多歲就稱帝封王，不管成敗，總是成就他們的功業；顏回、僧肇、梁啓超、胡適之，也是在三十多歲即成爲古今之大儒學者。

有的人，弱冠之齡就能考取狀元；有的人，孜孜不倦，努力用功，直到老耄之年，仍然名落孫山。農作物，有的春種秋收，有的十年不長；時間，對於成敗，眞的很難料定也。

但是，時間畢竟是歷史的長河，無論什麼事，都需要時間的醞釀，庸庸碌碌，無能的一生，只要能活到一百二十歲，他也是國之大老；平凡的東西，儘管收藏，歷千百年之後，也能成爲稀世國寶。

有的人，十載寒窗無人問，一舉成名天下知；有的人，百年歲月空過，空過百歲人生，最後依然一事無成。時間，如白駒過隙，在身邊輕悄悄地走過，一不留神，轉眼紅顏變成白髮，青春成爲老邁。如李白詩云：「高堂明鏡悲白髮，朝如青絲暮成雪。」會得用心的人，一念三千；不會用功的人，無量壽又奈何！蜉蝣朝生夕死，它也過了一生，眞正用功的道人，念念在眾生，念念在服務，又何計於時間長短呢？

禪者，頃刻之間就能悟道，所謂當下即是，時間的長短，都在其中矣！

吾人的生命，在時間的長河裡，有的功成名就，累積了德業，有的一無是處，浪費了生命。古人云：「一失足成千古恨，再回頭已百年身。」時間是上天給我們的禮物，我們要好好運用時間，不要辜負時間，所謂夏禹不重徑尺之璧，而重日之寸陰；陶侃不愛閒逸之時，而以搬磚治懶。計較時間的長短，並沒有眞實的意義，重視當下的一刻，這才是我們的時間喔！

《人間福報》二〇〇一年八月十九日

攜手同圓

做人，有的人非常偏激，左右兩邊，不是左就是右；做人，有的人上下兩極化，對於高低、大小，階級分得非常清楚；做人，有的人四平八穩，非常方正，多一點、少一點，他一點都不肯含糊、苟且；做人，也有的人是圓形的，非常中道，可以多一點，也可以少一點，只要正派，只要有公義，只要大家歡喜，就算圓融，就算圓滿。虛空，不就是這樣一個「圓」嗎？

馬來西亞佛教青年總會舉辦世界大會，列出主題「攜手同圓」，既是「攜手」，就應該合作；既是「同圓」，就應該融和。一個人不可以太有稜角，人生其實就像一塊巨木，你鋸成長的、短的，都很容易，鋸成方形、矩形，也算簡單，你希望把木材變成圓形的，就比較需要費工夫了。誠如做人，要想做得圓滿，自然也是比較難的呀！

假如你問：太陽是什麼樣子？當然是圓形的！月亮是什麼樣子？當然是圓形的！地球是什麼樣子？當然是圓形的！日常用品中，水管是圓形的，鍋子是圓形的，甚至餐桌也是圓形的，所謂「圓桌會議」，都是圓的。世間萬物，如果是方形的，不管是正方形、長方形，或是四角形、六角形，一樣都是有稜有角，有了稜角就容易產生摩擦；如果是圓形的，即使是長形圓，或是橢形圓，都是「圓」，只要是圓，大都容易爲人所接受。

時間是什麼樣子？時間是無形的。但是，從春夏秋冬來看，時間是圓形的，就像時辰鐘錶一樣，一輪十二個小時，周而復始。人生，生老病死，就是一個圓形，所謂生死輪迴；世界，成住壞空，也是一個圓形。道路上，所有的交通工具，輪子都是圓形的；因爲圓，才能滾動，因此才能走長遠的路。人生又怎能不圓呢？

做事要圓通，做人要圓融，說話要圓滿；不圓，就有了殘缺，有了殘缺，就不容易讓人歡喜接受。所以，我們平時唱歌，歌喉要婉轉圓潤，寫字也要靈活圓融；即連奧林匹克運動會，現在也已經是五大洲圓融共處了。

天地間，天的心是什麼樣子？是圓形的，天心圓成；地的德是什麼樣子？是圓形的，地德圓滿；人心是什麼樣子？是圓形的，眞如自性不是自然圓成嗎？

若問：人間什麼最美？圓的！眞的！善的！淨的！平的！我們要達到至美的人生境界，大家就要從圓開始。希望所有的青年朋友們，我們要和父母、家人相處，要重視圓融和諧；我們在社會上工作，我們要圓滿責任。爲了人生的前途，我們不妨畫好一個宇宙般的大圓圈，重重疊疊，無窮無盡，就讓我們勇猛精進的攜手向「圓」出發吧！

《人間福報》二〇〇一年八月二十日

馬上辦

今日事，今日畢！「馬上辦」，這不只是增長工作效率，這也是延長自己生命的價值。

歷史上，夏禹不重徑尺之壁，而愛每日寸陰，所謂「一寸光陰一寸金，寸金難買寸光陰。」但是，有一些懶惰的學子也說：「春天不是讀書天，夏日炎炎正好眠，秋有蚊蟲冬有雪，收拾書包好過年。」這是拖延歲月，故而一事無成。

過去政府官員，對於人民的申請案件，總喜歡積壓，好像處理太快，就顯不出他的權利一樣。到了現在，民主政治，每到選舉時刻，大家就設立馬上辦中心，一改過去拖延的作風，所以「馬上辦」在台灣成爲一時風尚，但是時日一久，「馬上辦」就又銷聲匿跡了。

在家庭裡，兒女希望父母買個東西給他，如果父母「馬上辦」，一定能獲得兒女的好感。學校裡，老師修改文章，如果「馬上改」，一定能獲得學生的向心力。公司裡，主管交辦事情，如果屬下都能馬上辦，必定能獲得較多的升遷機會。

現在是個科技時代，凡事講究快速，講究效率，例如在郵政方面，有了快遞不夠，還有限時專送；又如飛機、火車，一遇假日，乘客太多，立刻就會增加班次，以因應乘客的需要。

現在國際間，出國旅遊一趟，如果是到有邦交的國家，辦理簽證時，往往隨到隨簽；如果是沒有邦交的國家，總要三天、五天，或是一個禮拜，以示沒有邦交的現實。

現在也是一個講究服務品質的時代，建一棟房子，都會訂定進度，限時交屋；做一件衣服，也會事先告訴你，多少時間可以完成。到銀行提領存款，銀行的人也都是替你「馬上辦」；甚至有時候集會，臨時需要一些汽水、麵包，只要一通電話，商店馬上替你服務到家。

「馬上辦」是一句宣傳的口號，就如念佛的人，要往生西方極樂世界，阿彌陀佛也打出一句「於一念頃，往生西方淨土」，比馬上辦還要快。

話說有甲、乙二人要朝禮普陀山，一人坐等機會，一人馬上行動。行動的人朝山歸來，等待的人尚未成行，可見馬上辦會即刻完成，拖延敷衍，難以成功。所以，奉勸大家，對於善事、好事，應該「馬上辦」也。

《人間福報》二〇〇一年八月二十一日

有我一份

凡是好事，「有我一份」參與，凡是好人，「有我一份」交情，凡是好的東西，「有我一份」享有；好的東西，有我一份，好的人情，也有我的一份，凡事想到「有我一份」，這是多麼美好的事情啊！

其實，世間上那一樣東西沒有「我的一份」？地球有我一份，國家有我一份，大地山河、公園道路、機場港口，那一樣沒有我的一份？你建高樓大廈，我無力擁有一份，但是我可以在你的騎樓下躲雨；你建百貨公司，我可以前往購物消費；你建工廠，我可以應徵工作；你栽花種樹，我可以免費欣賞；你家有喜事，張燈結綵，我也可以分享你的喜氣，這不都是「有我一份」嗎？

你開銀行，我可以存款；你辦報紙，我可以當讀者；你製造冷氣冰箱、汽車馬達，我是多麼的享受啊！你開車行，我只要花些許的錢，你就可以把我帶到我想要去的地方。你著書立說，我可以閱讀；你在大庭廣眾講演，我可以參加聽講。世間上的事，那一樣沒有我的一份呢？溫暖的陽光，我要它，它就有我的一份；皎潔的月亮，我要欣賞，它也會有我的一份。清風徐來，有我的一份；高山流水，也都有我的一份。世

間上的建設、財富，可以都不是我的，但是我在思想上，我可以享受它的價值；享有的這一份，別人總無法加以剝奪吧！因此，世間上，只要你想，凡事都有我的一份，你就不會貧窮。

我們的地球，我要注重環保，重視生態維護，因爲它是我的地球。國家是我的，我就肯爲它犧牲；因爲有我的一份奉獻，當別人侵犯到國家的利益時，我捨生捨命也要保護它。家庭是我的，社會是我的，人群也是我的同胞，我覺得他們都是美好的，我愛他們還怕不夠，怎麼還會去侵犯他們呢？

中國人一向有「愛之欲其生，惡之欲其死」的性格。有我的一份，我就會愛護他；凡不是我的，即使再好，我也寧願破壞它，不與共存。假如是我的，即使爛皮爛肉，我也會好好的加以包紮、洗滌；家中的小兒、小女，即使如何不肖，我也要好好教育他，甚至所養的小貓、小狗，又髒又醜，還是我的小狗。「有我一份」、「是我的」，多麼美好啊！

所以，希望我們每個人，都能把全人類看成是我的同胞兄弟姊妹；所有的天地日月、山河大地，都是我的財富。已經有那麼多的「我的」，還有什麼不夠呢？一切都有「我的一份」，還有什麼不滿足呢？想到世間上一切都有我的一份，人生真是無限美好啊！

《人間福報》二〇〇一年八月二十二日

神奇的妄語

妄語就是謊言，說謊是佛教五戒之一。謊言有善意的謊言，有護己的謊言，有惡意的謊言。例如，明知對方的病已經沒有痊癒的可能，但是鼓勵他說：只要你有信心，病會好起來的！這就是善意的謊言；自己還沒有吃飯，對人家說已經吃過了，以免除別人的麻煩，這也是善意的謊言。對自己的利益一直用假話來保護；對自己的過失一直用假話來粉飾，這就是護私的謊言。明知有損別人的利益，卻以造假的心意讓別人聽信你的話而受了損失，這就是惡意的謊言。

過去，做假藥、賣假貨的人，多少還有一點良知；現在有一些墮落的宗教團體，經常在宣揚雲彩、甘露的靈異，這不但是佛菩薩的難堪，同時也造成自己欺世取利的妄行。尤其一些自稱活佛、無上師的人士，常誇示說自己有神通、有靈異，說自己悟道了，以此來博取他人的信仰，這是最嚴重的大妄語，這就如犯了無期徒刑，是不能赦免的罪過。

因爲不講眞理，不講事實，假藉群眾對宗教的信仰，藉助這種弱點來達到欺瞞的目的，就如現在市面上出售未過濾的清水、販賣合成的物品或傷害人體的食物等，造成民眾的金錢損失也罷了，尤其讓民眾的生命受到威脅，更是罪不可逭。

藝人鄒美儀小姐罹患癌症，經三軍總醫院宣判已經到了末期。消息披露後，一天之中，數十通電話向她推銷藥物；她不接受，對方還出言粗魯，可見造假的宣傳，假事、假藥多麼可怕。

過去有人說黑道很可怕，但是黑道有時候還講些義氣，而且他是明顯的黑道，容易提防；妄語、說謊，這是假道，假道是不容易看得出來的，比黑道更可怕。現在的社會人心，大家說假話、存假心，假情假義，造成社會一片假風。但是假話只能矇蔽人於一時，必定經不起時間的考驗，你幾曾見過賣假藥、假貨，造假的靈異能長久的嗎？

再說，信仰神明並不能爲我們管理金錢股票，也不會爲我們照顧身體健康，更無法賜給我們仙丹妙藥；宗教只是給我們眞理，就算佛菩薩也是告訴我們：一切事情有前因必有後果；你造什麼因，將來必定也會受什麼果報。至於故弄玄虛，以神奇的妄語來欺人只是一時的，不能長久，所以現在發起眞心運動，希望人人都一起以眞心來對治妄語、假話。

《人間福報》二〇〇一年八月二十三日

創造歡喜心

上帝創造人類，但人類奸詐刁滑，人並不美好；上帝創造地球，地球深坑丘壑，人不易行走使用。科學家創造武器，槍炮子彈，殺傷力大，恐懼尤甚；就算科學家們不斷的創造生活必須品，例如電燈、冷氣、汽車等等，但還是會有許多死傷的問題。其他諸如工程師創造高樓，但是當地震的時候，高樓搖晃的程度遠比平地更加的令人恐懼。政治家們創造自由民主的政治，但是多少人假藉自由民主之名，勾心鬥角，遂行更多不義之事；經濟財政專家，創造多少的財富，但是爲財富起貪心，爲財富而鬥爭，爲財富的漲跌而患得患失的苦惱，多不勝舉。

人間最美好的事，就是能「創造歡喜心」，歡喜心是世間上最寶貴的東西。即使你妻妾成群，僮僕如雲，黃金美鈔、田園舍宅再多，但是如果沒有歡喜心，活得再老也沒有意義。

創造歡喜心，不只是上帝沒有辦法，別人也沒有辦法；能創造歡喜心的，只有我們自己。我們自己沒有力量起高樓，沒有金錢買汽車，但是我們會有辦法創造歡喜心。

早晨起來，到庭院裡散步，呼吸新鮮空氣，鳥語花香，空氣清新，可以引發我們的歡喜心。散步之後，回到家中，粗茶淡飯，一張沙發，坐在上面，疏鬆筋骨；一杯熱茶，一份報紙，逍遙自在，多麼歡喜。

接著外出上班，士農工商，各自盡心工作。我是農夫，田裡的莊稼，日日成長，令人多麼歡喜。我是商賈，看著商品一樣一樣的外銷，感到多麼快樂。我是工人，各種器皿物具，一件一件的完成，眞是非常的有成就感。若是公務人員，幫人排難解紛，我蓋一顆印，就能成就他人一件好事，我批個「可」，就能培養多少的福德因緣，人間眞是好不歡喜啊！

一天的工作完畢，獲得自己心中的代價，晚食當肉，放下世間的勾心鬥角，安閒自在的進入夢鄉，無牽無掛，你說怎不歡喜呢！

人，不要製造憂愁罣礙，不要心生瞋恨嫉妒，不要把煩惱帶到床上，不要把人我是非放在心裡，要讓歡喜做自己的資糧。如陶淵明說：「富貴非吾願，帝鄉不可期」，安於現實，就是人生最歡喜的事啊！

《人間福報》二〇〇一年八月二十四日

算賬

我們到飯店吃飯，吃完飯要請侍者算賬，以便付清飯錢，然後離開。我們居住旅館，住了一天或數日之後，也請櫃台算賬；甚至於算賬之後，除了應付的賬目，還要附加一些小費。我們到百貨公司去購物，或是到超級市場買些生活日用，在菜市場買青菜、蘿蔔，最後也是要算賬，應該多少錢一斤，毫不猶豫地付賬。賬，應該算得清清楚楚，才有信用；賬，要算得實實在在，才不會出問題。有些人欠賬、賒賬、賴賬、掛賬、居心不肯付賬，後果必定是爭論不休，難以解決問題。

人與人之間的情感、物質、時間都是有價之值，應該彼此把它計算清楚；如果賬目不清，再好的朋友、家人，到最後翻臉不認人，會跟你算賬；甚至於黑道的人士，爲了恩怨不清，找你算賬，那可就招來不必要的麻煩了。

中國有「親兄弟，明算賬」的說法。賬，也不一定是錢財；「貨品」可以折價，這也是賬；「人情債」也是賬，例如說：「我欠你的人情債太多了。」甚至於情人相戀，到了反目不認賬的時候，對方就說：「我投資的感情數字實在太多了，我要討回我的愛情的賬。」所以，有的人施恩望報，這就是要算賬的；有的人，爲你講話，助你完成事業，他也要跟你算賬的；或者他幫你服務，計算時間也是有賬的。

現在在一些先進的國家，不但是買賣東西要算賬，幫你做事要算賬；甚至於律師、會計師、工程師跟你講話，一個小時多少錢，多少小時加起來共多少錢，都要跟你算賬。

有的人，事先都把條件講好，以免最後一筆算不清楚的糊塗賬；有的人，謹慎做人、謹慎交往、謹慎約定、謹慎記賬，總會有人讚美他賬目清清楚楚。

有的人，心甘情願地給人欠賬；有的人，錙銖必較，如果賬目算不清楚，他會跟你永不罷休。

我們的人生，社交來往，都有一本賬；我們的道德因果，也有一筆賬；我們的事業成敗，也有一筆賬；我們的衣食住行，都有一筆賬。你放賬給人嗎？還是欠人的賬呢？爲了平安幸福，你哪能不認眞的把「賬」算個清楚呢？

《人間福報》二〇〇一年八月二十五日

老大與大老

家有長子，稱爲老大；社會有能人，稱爲老大。敢出頭，肯見義勇爲的人，被尊爲老大；黑道的兄弟，義氣爲先，也稱爲老大。

老大，是好呢？是不好呢？家庭裡的兄弟姊妹多人，稱爲老大者，要能替小弟小妹擔當風險。但是，有的老大在兄弟姊妹之間，逞強好勝，以老大自居；有的老大，在手足同胞之前，謙讓隨和，以身典範，促進家庭的和諧美滿。

社會上的老大，有的扶助弱小，排難解紛；但也有的老氣横秋，自高自大，爭功好名，神氣十足，以老大自得。黑道的老大，疏財仗義，

衝鋒陷陣，勇往向前。所以，所謂老大者，也有多種。

除了「老大」以外，社會上、鄰里間，也有許多的「大老」，例如政治大老、黨之大老、族之大老、家之大老、友之大老。能被尊稱爲大老者，必需要有大老之道。例如：有的人正直爲國，稱爲政治大老；有的人爲黨奉獻，謂爲黨之大老；有的人貢獻族群，名爲族之大老；有的人勤儉愛家，成爲家之大老；有的人以德服人，是爲友之大老。

從文字的意義來看，「大老」比「老大」要來得高尚許多。大老，一般是指年高德劭，行誼足爲世人典範者，或者是在團體中學有專精，對團體具有傑出貢獻，一旦功成身退後，仍爲眾人所敬重，甚至在決策層仍能發揮影響力者，被尊爲大老。所謂老大，則往往以權，或是因勢而在團體中令人順服，而居於領導地位的人，稱爲老大。

社會上，凡是有心做老大者，要有犧牲奉獻的性格，要有重人輕己的行爲；老大不是自以爲是，老大要讓別人來尊之敬之，才是實至名歸的老大。大老，更應該有功於人，有德於人，在眾中無私無黨，爲公爲義，始可稱爲大老。

所以，一個人應該做「大老」，以大老爲目標，不要以「老大」爲所趨。

《人間福報》二〇〇一年八月二十六日

心能轉境

登山客都有爬山的經驗，陡峭的高山，直上很難，必須要迂迴轉折，才能登上峰頂。所謂「山不轉，路轉；路不轉，人轉；人不轉，境轉；境不轉，心轉。」心一轉，不但山呀、路呀，境界都跟著我們所轉；宇宙人生，窮通禍福，也會隨著我人的心而轉。

心是人體的主宰，迷惑的人生，心可以把它轉成智慧的人生；邪見的觀念，心可以把它轉成正當的見解；愚癡的行爲，心可以把它轉成明理的風範；顚倒妄想的執著，都可以靠著心念的一轉，頓然就是一個開闊明朗的天地。所謂「心能轉境」，誠信然也！

現在社會上失業率驟升，主雇之間陷於無奈，一片愁雲慘霧迷漫了社會；這時候固然可以從多方面來改進目前的處境，例如因緣可以轉境，但是吾人的心力，也可以轉境。例如，過去是高級幹部，現在假如你能放下身段，擺個小攤位，也不是無以謀生；過去是公司的高階主管，現在可以打些零工，還是能夠生存；過去是合格的大學教授，現在可以爲青少年兒童作家庭教師；過去是有車階級，現在轉業爲計程車司機，也能日有所進；過去是人家求我，現在不妨謙下的求助於人，也會得到對方善意的回應。

如果你現在是一個在校讀書的學生，你也可以把學校的老師、同學，轉成良師益友；你對他們心存感激，你的心境一轉，學校何其壯麗，師生無比和諧，多麼美好的學習環境呀！如果你是居家的分子，你心念一轉，父母的慈愛，兄弟姊妹的友好，家庭的溫馨，飲食的美味；如此一想，就算失業，居家一段時間，也是非常的可貴。

如果你正當被裁員的時候，你應該心平氣和的感激長官、雇主，大家好聚好散，不留下任何糾葛，也不拖泥帶水；如此風度，雖然是失業，也能峰迴路轉，人生還是會有另一個桃紅柳綠的春天。

唯識家說：「三界唯心，萬法唯識」，一切苦樂，都是由心所生起。心能轉樂爲苦，心也能轉苦爲樂；心中天天有外境的塵勞罣礙，有人情金錢的壓力，有欲望煩惱的擾人，自己的心裡脆弱，沒有正念，沒有好心，沒有善意，又如何能轉境呢？

世間的山河大地，好像是一塊大染布，只要我心中有淨水，會把人間的染污給予漂白。你心中的平等，可以把世間的差別擺平；你心中有慈悲，世間萬物也可以作爲你的子弟。假如你有智慧，你可以洞察世間的來龍去脈；你有禪定，你可以安定世間的動亂；你有菩提力量，自然可以處理世間的憂悲得失。總之，你要讓世間萬物都受你所用，你的心不能隨萬物而轉；只要你心能轉境，還有什麼苦樂得失不能轉的呢？

《人間福報》二〇〇一年八月二十七日

與我沒有關係

一個明哲保身的人，經常爲了保護自己，最喜歡說的話：「與我沒有關係」！

有人問他一件事，他很怕沾染了是非，趕快說，那件事與我沒有關係；問到一個人，他也趕快說，那個人與我沒有關係。推託、保持距離，都是可以；但是過分的怕事，凡事與我沒有關係，這也不一定正確。

一個不會玩股票的人，股票的漲跌是與我沒有關係，但是經濟的興衰，能說與我沒有關係嗎？政治上的爭權奪利，我們不好政治，說與我沒有關係，但是政治上的政策好壞，影響民生、社會安全，你能說與我沒有關係嗎？

美國的總統，北京的領導人，甚至於世界上的國家，任何一個有力量的人，他的一句話，都影響到我們的前途安危，你能說與我沒有關係嗎？天要下雨了，地要震動了，不但影響到全民的得失，甚至還會影響到我們的生活，你能說與我沒有關係嗎？世間上的事，沒有一件能與我脫離關係的，只是程度大小而已。

青少年飆車，出了車禍，會影響到我的走路；罷工罷市，都影響了我的工作。李登輝先生的一句「戒急用忍」，使整個工商界迷惘焦急；馬其頓的與我國建交、絕交，在台灣都引起了軒然大波。

假如說，日本的廠商沒有那麼多電器、化妝品的廣告，在台灣的媒

體就會受到很大的損失；美國的小麥、麵粉、大豆，不供應台灣，大家每天沒有豆腐，沒有麵條，要如何生活？你能說美國與我沒有關係嗎？

一個家族，各個分子，大家都是互相有關係的；一個社團，各種參與者，彼此也都是互有關係的。一個政策，一條法令，甚至一個人的一句話，彼此都是息息相關。今天公共汽車停駛，上班族和學生如果走路，太辛苦了；今天報紙不出刊，明天讀報的人就會感到很大的不習慣。市場裡的青菜蘿蔔漲價了，主婦就會連聲叫苦；警察走到你家門口，你敢說那與我沒有關係嗎？

佛教說，諸法因緣生，宇宙人生，都是相互關係的存在，這個世間，一切都是共業所成，眾緣和合，不能說與我沒有關係。我把我的身體照顧好，我的腸胃體膚受到保護，我的身體就會健康；我把我的家人朋友，都能影響好，我的家人朋友就能對社會鄰里做出貢獻。

我關懷社會，主持正義；我努力工作，擔負責任；凡與我相關的，都因我而更好。不當的習慣，醜陋的行爲，不好的語言，不當的吃喝，因爲我所行皆正，因爲都與我有關係，我都應該影響他們，怎麼可以說世間與我沒有關係呢？

《人間福報》二〇〇一年八月二十八日

重新出發

重新出發，是多麼美好的事情啊！

我曾經生過一場大病，現在痊癒了，對一切事業，我可以重新出發；我曾經失敗潦倒過，現在我奮鬥，略有小成，我就可以重新出發。

過去我沒有人緣，不得親人朋友的喜愛，現在我廣結善緣，已有許多同學朋友支持我，我就可以重新出發；過去我不會做人，得罪你、得罪他，現在我已改過遷善，我能以禮待人，別人也肯跟我重修舊好，我已經有本錢可以重新出發。重新出發的人生，有了信心，就有未來成功的希望。

有的人曾經跌倒、骨折、傷殘，經過醫療後，他坐著輪椅，滿懷信心毅力重新出發，一樣可以成功。有的人生不逢時，種植農作即將收成，卻遇到颱風暴雨；有的人創業開幕，一場意外，家毀人亡，毀滅了成就。但是，只要信心不倒，重新出發，幾年後，你就可以看到他的成就。

走在路上，跌倒了，重新再爬起來；開車上路，車子壞了，把它修好，就可以繼續向前。考試落榜了，明年再來；選舉落選了，下次再來。甚至水災、火災、風災、震災，毀滅了我們的家園、財產，但毀滅不了我們的信心，只要我們能夠重新再來，還怕不能成功嗎？

傅尼葉本來是一位著名的鋼琴家，擁有許多樂迷，可是不幸罹患小兒痲痺症，雙腿無力踩踏鋼琴踏板，被迫終止演奏生涯。可是他並未因此灰心喪志，反而改以苦練大提琴來重新出發，後來果眞憑藉著他的信心毅力，成爲音樂史上的大提琴巨擘。

維特史坦是二十世紀初維也納極負盛名的鋼琴家，卻在二次世界大戰中不幸被炮彈炸斷了右手，但他並未因此向命運之神低頭，反而到處懇求作曲家爲他譜寫能用左手彈奏的樂曲，終於留下了「左手鋼琴協奏曲」等膾炙人口的樂章。

愛迪生面對工廠失火，所有財產付之一炬，許多人擔心他受不了如此打擊，沒想到第二天他告訴員工：「感謝大火沒有把我燒毀，卻把以前的錯誤全部燒光，從今天開始，我們重新出發。」

人生不如意事，十常八九；自己跌倒要自己爬起來。有人摔倒一次就一蹶不振；有的人卻像不倒翁，越挫越勇。如何在摔倒時不消極頹唐，而能積極的重新出發？茲提供四點意見如下：

第一，要以平常心面對逆境。第二，要以感恩心轉化阻力。

第三，要以精進心增加力量。第四，要以智慧心明瞭因緣。

人生旅途，只要我們有不斷重新出發的毅力，你就是一個別人永遠也打不敗的不倒翁。

《人間福報》二〇〇一年八月二十九日

人性的善惡

人性是善的呢？是惡的呢？自古以來難有定論。

荀子主張：人性是惡的；生來就自私、執著，帶著貪瞋癡而來人間爲惡，怎麼能說是善的呢？孟子主張：人性本善；因爲惻隱之心，人皆有之。儒家多少的大儒學者，爲了人性是善是惡，不斷的爭論，到最後人心是善是惡，仍然沒有定論。

人性是善的呢？人性是惡的呢？佛教說，一心可善可惡、可惡可善。善惡如同難兄難弟，糾纏一體，但看因緣，有的向善，有的向惡。

《大乘起信論》說：一心開二門，心眞如門，心生滅門，當中有很深的議論。《華嚴經》講：一心具足十法界，每一個生滅，都有善惡的，你的善心昇華了，就每天一直往聖人的境界提升、淨化、善美、發光；如果你的惡念增加了，黑暗、沉淪、墮落，自毀難免。所以吾人在四聖六凡裡，起起落落，就看自己的功力把持，在善界長住呢？在凡俗停留呢？

《華嚴經》說「十法界」：天、人、阿修羅、地獄、惡鬼、畜生，甚至於諸佛、菩薩、聲聞、緣覺，此十法界中，每一界都有「十如是」：如是相、如是性、如是體、如是力、如是作、如是因、如是緣、如是果、如是報、如是本末究竟等；因爲每一界都有「十如是」，所以「百界千如」，人生的生命善善惡惡，好好壞壞，無始以來，一直糾纏不清。

法華的天台家說，人心之中的善惡，有「性起」說，有「性具」說。避開那許多深奧的學說不論，只談我們的心，我們的前面有兩條

路，一條是善道，一條是惡道，我們平常只要自問：我要往善路走呢？要往惡路走呢？往善路，依戒律規範身心，防非止惡，以道德來行事，喜捨布施，造福大眾，用佛法淨化心念，秉持定慧般若，影響社會，以菩提心照顧世間，化俗向眞；只要世人秉持不滅眞心，不斷努力，總會自我完成自心的圓滿法界。

如果你要向惡道行進，則自私、執著、損人利己、侵人利益、犯人所有，所謂惡貫滿盈，走到盡頭，失去生命的價值。惡道的眾生，不都是受著這樣的因果嗎？吾人不必一直去議論人心是善是惡，明明兩條路，你還不知道應該如何選擇嗎？

《人間福報》二○○一年八月三十日

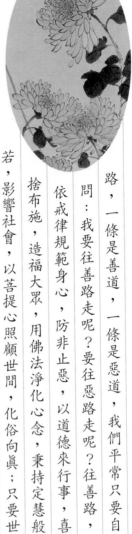

要服氣

父母對兒女嘮叨，兒女要服氣，你不服氣，又怎麼辦呢？長官對部下嚴格要求，部下也要服氣，你不服氣，又奈何呢？學生對老師的教育要服氣，才會進步；弟子對師長的訓誨要服氣，才會尊師重道。

在高速公路上，大車戲小車，你若是不服氣，就會出車禍；海關檢查、警察臨檢，你要服氣，不服氣就會更增加麻煩。天氣冷了，必須添加衣服，你不服氣，只有著涼生病；房子漏雨了，花錢修理，你要服氣，不服氣，不修理，更加不能安住。理髮師替你剃頭，醫生替你打針、開刀，你都要服氣，如果你不服氣，病不會好，事不能完成。

世事艱難，不能由你隨心如意。當意氣風發飛揚的時候，自己可以乘懷順意；當世事與人違逆的時候，你必須要服氣。交通違規，開罰單處罰時，你要服氣；國家要你繳稅，你應該要服氣。你長得高大，我長得矮小，只有服氣；你長得美貌，我長得醜陋，我也要服氣。你有財富、有勢力、有群眾，一呼百應，我服氣以外，又能如何？

運動場上，輸給別人，要服氣，下次再來；法院裡判決，你輸了，只有服氣，花錢消災。服氣只是屈服於一時，但做人要爭氣，爭千秋之氣。韓信忍受胯下之辱，他服氣，不計較一時，終於能夠封侯拜相；宋徽宗、宋欽宗被金人所擄北去，宋高宗只得服氣，尚能建平安的朝廷於臨安；劉邦赴鴻門宴，因為形勢不如人，種種的屈辱，就要服氣。你不能忍一時之氣，那裡能保得百年之身呢？

蔣介石對日抗戰，自知國力不敵，只得以「空間換取時間」，此地失守，那城被占，全國民眾，難以忍受，這種以空間換取時間的戰略，一直到了贏得最後勝利，大家才佩服蔣介石的「服氣哲學」。共產黨「以鄉村包圍都市」，勝了就要打，敗了就要和，和和打打，打打和和，終於取得勝利，這也是共產黨人當服氣時就服氣，當爭氣時就爭氣，所以才能太陽滿天掛。

天要下雨了，颱風要來了，你只有早早的準備，對於自己的居家，防漏補強，你要服氣，不服氣，又怎麼辦呢？

人生在世，不如意事十常八九，遇到歡喜的事是福氣，不歡喜的事要服氣；不服氣就不能受委屈，不能忍受一時的委屈，又如何爭氣呢？所以，人不要賭氣，更不要生氣，只有將來爭氣，才是勝利的人生。

《人間福報》二〇〇一年八月三十一日

創造生命力

多年前，我們的社會曾發起一項「創造生產力」的運動，一時全國上下，男女老少，無不響應國家創造生產，紛紛「增產報國」。

當物質生活豐富以後，人民不再滿足於外在的物質所帶來的快樂，進而要求從內心提升精神生活，創造幸福快樂的人生，所以現在流行的，不只是創造生產力，而是「創造生命力」。

所謂生命，到處都有生命。地球有地球的生命，山林有山林的生命，海洋有海洋的生命，自然有自然的生命，社會有社會的生命。即使一棵小花小草，當它從石縫裡奮力掙脫出來，展現出它的生命力的時候，眞是令人感到生命的偉大與美好。

吾人成爲萬物之靈的人類，更是生命具體呈現的傑作。我們的腦海裡蘊藏著無限的生命力，我們的手掌裡也掌握了無盡的生命力；我們的內心裡也有無限的生命力，我們的行住坐臥、語默動靜，都是在展現我們的生命力。

所謂生命力，要以一己之生命，創造無限之生命。一架飛機，帶著旅客南北東西的飛翔，幾千小時，幾萬小時，一直展現它飛行的生命力；一艘商船，載重幾百噸、幾千噸，在大海裡與風浪搏鬥，要把貨物載到目的地，都是在展現它航行載重的生命力。

一張桌椅，讓你使用多時；一件衣服，讓你穿著多年，這一切都是在展現各自的生命力。人類號稱萬物之靈，靈，就是生命力，用，就是生命力，活，就是生命力，動，就是生命力，宇宙之間，那一樣沒有生命力呢？

吾人肉體的生命力是有限，吾人內心的生命力卻是無限的；人內心的寶藏，不但有無限的活力，而且含藏眞如佛性的能量、能力。這種無形無相的生命力，不是需要創造的，而是要發掘的喔！

尤其是人，主宰了天地萬物，更應該提升自己的生命力，用慈悲心去普及一切，用慈悲力去幫助一切，用因緣助力給予一切，用祈願祝福維護一切。能夠如此，這世界的一切還怕不能生命同體的共同創造幸福與和平嗎？

《人間福報》二〇〇一年九月一日

去蕪存菁

庭院裡的花草樹木，要灌溉，要施肥，尤其要去除雜草，要修剪荒蕪的枝葉，這是園藝工作者最重要的任務。因爲花草樹木的葉子枯爛了，你不修剪，它會妨礙新芽的生長。一棵果樹，果實發育不全，你不去摘除它，細菌會傳染給別的果實，破壞了整體的成就。

不只是花草園藝要修剪荒蕪，人生的道德人格，所行所爲，必定也有一些荒蕪要加以修剪，才能健全。例如，知識不夠，你要充實你的學問常識，要能廣學多聞；口才不順，要能言善道，你要訓練你的言語；能力欠缺，你必須發心立願，才能增加自己前進的動力；人緣不好，你也必須廣結善緣，促進人我的關係。

婦女早起晨妝，面對鏡子，畫眉深淺，爲了增加嫵媚；一個英雄武士，刀槍劍棒，也要經人指點，辛苦磨鍊，去蕪存菁，才能克敵制勝。廚房裡的一盤佳餚烹調出來，多少菜的皮、葉、梗、骨，都要經過揀擇；詩書字畫的作者，他也是要在許多的作品裡，汰沙存金，才能有佳作問世。

所謂去蕪存菁，就是要吾人有過要改，有功要立；不改過立功，不修剪荒蕪，怎能成功？一盆花草，必須修剪，才能美麗動人；一個人的行爲，必須具足三千威儀，才有人讚美。

做功德好事，有了企圖別人報答、企圖獎牌的心，這就是功德好事的荒蕪；如果立德行事，心中存有歡喜，對於善名美譽，不足爲道，這就是去除人格上的荒蕪。

再美好的衣服，上面有了污點，就失去了它的清潔莊嚴；一園的桃紅柳綠，假如有了幾根殘枝敗葉，就會顯得荒蕪落寞。人的品性道德上如果有了污點，任憑你成就再大，也得不到別人的尊敬。所以，人要不斷的修剪生命的荒蕪，才能不斷的向上、向善、向眞、向美的境地邁進。

什麼是生命的荒蕪？自私、慳吝、固執、頑強、記恨、懶惰等，都是生命裡的荒蕪。我們要讓生命淨化，可得用心修剪，讓生命的田園百卉爭妍、美不勝收，那才是有意義的人生喔！

《人間福報》二〇〇一年九月二日

供養心

在佛教裡，要選派一個寺院的住持，所重視的並非能力、才華；當一個住持，最先決的要件，就是要有供養心，有供養心的人才能當選。

確實應該如此！一個寺院的領導人，如果仗著權勢，自我養尊處優，自我公物私用，把大眾置於腦後，這如何得了？就如同一個國家的領袖，他一定要注重民生問題，民間的經濟照顧好，他才能安坐國主的寶位；如果民生發生問題，老百姓絕不會讓你一個人獨自享受。所以歷朝亡國，與民生凋敝，不能說不無關係。

說到寺院的四事供養，首先要看全寺大眾：一、衣服能保暖否？二、飲食能周全否？三、床具用品能合用否？四、湯藥都能調和否？飲食、衣服、臥具、湯藥，如果四事不調，四眾就不能安心辦道。

供養心，如果發自於一個信徒，所謂對三寶要有十供養：香、花、燈、塗、果、茶、食、寶、珠、衣；如果是發自一個弟子，應該要以身、口、意三業來供養。供養心，在修道上是一個重要的制度，現在社會大眾也都在提倡供養。例如：做義工的人，他把時間撥出來供養大眾；有勞力的人，他把力氣提供出來服務別人；有的人有錢財，他把財物分散給大家，救助貧苦；有的人用智慧、說話來給人諮商，解決苦

難；有的善於言詞，講學說法來開啓大眾的愚矇。這些都是需要有供養心才能做到的事。

所謂供養心，就是一種禮敬。以社會人士來講，你送我一籃水果，我送你一盒蜜糖；你送我一本圖書，我送你一份報紙。所謂禮尚往來，都是彼此供養之意。一個人如果只是接受別人的供養，自我不給人回饋、奉獻，久之必然惹人嫌厭。

供養、結緣，這是增進聯誼，增加彼此的情意。在諸供養當中，當然以心供養最爲第一。即使布施財物給人，如果你沒有眞心誠意，財物也沒有價值；就算你把金銀財寶捐獻給人，如果沒有歡喜布施，金銀財寶也不是寶貴的東西。

俗云：「秀才人情紙一張」；小小的供養，往往會有大大的幫助。但是人之貪心，只想接受別人的給予，養成了壞習慣，不如發起供養的喜捨心：我把我的歡喜布施一份給你共享，我把我的慈悲分一部分跟你共有。我的房屋雖然不能送給你，但歡迎你可以來住一段時間；我的田園雖然不能送給你，但你可以常常來觀賞、享有。出家的弟子在捨俗披剃的時候，都會發下供養的弘願：「將此身心奉塵剎，是則名爲報佛恩。」身心都能供養了，其他還有什麼好計較的呢？

《人間福報》二〇〇一年九月三日

固執己見

一個人，如果帶著有色的眼鏡看世界，他以爲世界是什麼顏色，即使你告訴他眞相，他也不會認同，因爲他固執己見；一個人，如果從井裡窺天，他覺得天很小，如果別人告訴他天空很大，是你所見太小了，他也不肯相信，因爲他固執己見，所以不能見到外面的天空。

住在山區的居民，你告訴他，城市的大樓，地下都是用尼龍地毯鋪設成的，他沒有見過，囿於成見，他不會相信；你告訴他，住在三、四十層的高樓裡，只要打開水龍頭，就有清淨的水可以使用，身居鄉村茅屋的草民，囿於己見，他也不肯相信，因爲他沒有見到。

一個固執己見的人，一時失意，你告訴他可以再來一次，他執著說我不行了，他就眞的是不行了。一次的失敗，他不去研究原因何在，只想到我無法勝利，因爲固執己見，他就眞的不能成功。

孔明六出祁山，死在五丈原，他不灰心復國無望；大禹治水，三過家門而不入，他認爲爭取時間，終能克竟其功。孫中山十次革命失敗，終能成功；王冕屢試進士，四十幾歲終能如願。多少的科學家誓願發明，不經數十百次的失敗，如何能有許多偉大的成就呢？

世間上，固執己見、墨守成規的人，要不斷的改進，例如改過遷善、改錯為對，改邪為正，所謂窮則變，變則通，不斷的改進，才會有不斷的新發現。

衣服短小了，穿起來不好看，把它改長一點，合身就好看了；桌子長短不適合，把長的改短一些，適中就好用了。

多少年前，日本人生得矮小，經過所謂人種改良，日本人現在已經達到目的了；香蕉、芒果、荔枝，果實不大，加以品種改良，也都能由小變大。一年收成一次的稻米，品種改良後，可以一年收成兩次；蕃薯、山芋，經過品種改良，成本減低了，收成增加了。可見得固執己見，是沒有進步；不斷改進，才能不斷成長。

佛教的真理，就是講世界會變，人生也會變，在變的裡面，可以不斷的變好，一個人只要順著眞理，不要固執成見，就能增長智慧，不斷進步。過去人類茹毛飲血，如果固執己見，時代還是茹毛飲血；過去物質文化落後，經過不斷改進，如今文明才能一日千里。

有個瞎子，在經過一條乾涸了的小溪，不愼失足掉落橋下，所幸他兩手及時抓著橋旁的橫木，大喊救命。路人告訴他不要怕，儘管放手，底下便是地面。瞎子不信，抓著橫木，仍然大哭大喊，直到力氣用盡，失手掉在地面，這時他才相信明眼人說的話，橋下的確沒有水，可是自己卻無端受了多少的驚嚇和辛苦。

固執己見、執著陋習的人，常常就像過河的瞎子，總要吃一些虧，才能學一些乖，眞是何苦來哉呢！

《人間福報》二〇〇一年九月四日

無底坑

「無底坑」是一個黑洞，見不到底，多少東西放進去，永遠不會溢出來。

有人說「欲望就是無底深坑」、「欲壑難填」，欲望不就是「無底坑」嗎？有人說「昧著良知的黑心腸，就是無底坑」；黑心的人，貪求無厭，不就是「無底坑」嗎？

所謂「無底坑」，淺顯一點說，就是我們每天要吃飯的「口」；「口」就是「無底坑」，不管你米麵、雜糧、各種菜餚，每天供輸一日三餐，一生一世永遠填不滿的，實應叫「無底坑」。人，為了供應「無底坑」的需索，每日千辛萬苦，總要滿足口腹之欲。口腹的深坑，有的時候饞涎欲滴，有的時候觥籌交錯，凡是能吃的東西，都會一掃而空。每日燒、煮、烤、炸，無底深坑，不管來路不易，只求滿足；不管你食指浩繁，經濟艱鉅，爲了塡滿他的欲望，你再多的花費、再多的辛苦，他都絲毫不體恤。

「無底坑」，如果說很安分地享受飲食之欲，倒也罷了；有時候它飢火中燒，還要出口罵人，罵你沒有好的東西供應。甚至有時候信口開河，隨便議論，搞得群我關係混亂，不但擾亂到個人身心不安，甚至影響到周邊的社會人群。

「口」，這個無底深坑，它不但能吃能喝，有時候大放厥詞、挑弄是非，說人家的流言蜚語，造下許多的口業。「病從口入，禍從口出」，這個無底深坑有時還會爲自己帶來殺身之禍呢？

世界上，爲什麼會有戰爭？就是爲了無底深坑，爲了要吃，不得不戰；甚至男女的婚姻，如果沒有麵包的愛情，可以保持長久嗎？你看，這個「無底坑」是多麼的難以侍候！

孔子說「非禮勿視、非禮勿聽、非禮勿言」，眼、耳都容易順從，唯有口，鼓動如簧之舌，說東道西、論長道短；一面需索無度，一面又製造禍端，憑添自身的困難。

人，用在身上的穿著，是有限的費用；用在眼、耳、鼻、舌上的費用，也是微乎其微；唯有用在「無底坑」的費用，無有限量。所以，吾人在世，除了制心於正念之外，就是要把「無底坑」照顧好最爲要緊。讓「無底坑」不要爲了口腹之需，造下很多的殺業；讓「無底坑」節約愛物，不要靡費；甚至於讓「無底坑」流露出一些善言美語，有益於自己，也有益於人間，那才不負吾人終日供應口腹「無底坑」的孝敬了。

《人間福報》二〇〇一年九月五日

找尋快樂

人生是爲了快樂才要活下去的，如果痛苦，那麼人活著有什麼意義呢？

人活著，因爲每個人的價值觀不同，因此各人所追求的目標也就千差萬別。有的人，只想賺錢，他以爲金錢裡有快樂，但是金錢太多了，可能也是痛苦，所謂「人爲財死」，財富有什麼快樂呢？有的人認爲家庭最快樂，但是家庭裡的分子相處不和諧，彼此勾心鬥角，家有什麼快樂呢？有的人以爲愛情裡有快樂，所以盡情追求愛情，但是愛恨是難兄難弟，由愛生恨，愛得多深，恨得也有多重，夫妻反目，情侶背叛，多情反而不如無情好。

也有的人醉心於權利，認爲權利裡有快樂，所以要做官，要競選，要出人頭地，但是，打入大牢，綁赴刑場的高官厚爵，不也很多嗎？所謂爬得高，跌得重，權勢高位也不盡然是快樂啊！

有的人則以事業爲快樂，這裡開個工廠，那裡創個公司，一個集團，二個集團，每天事業的重擔，三點半的難關，到處借貸，反而成了一個富有的窮人，那裡有快樂呢？所以，有的人隱居山林，他在山林裡找到了快樂，山林裡清風明月，與清風明月爲伍，反而是他的快樂；有的人找到了淡泊樸素的生活，安分滿足，他在清淡滿足的生活裡找到了快樂；有的人喜好讀書，他在古今的書海裡，找到自己的安心之道，找到了智慧的泉源，找到了快樂的人生。

有的人覺得本分就是快樂，平安就是快樂，無求就是快樂，善念就是快樂。快樂處處求，其實快樂不是在心外，原來吾人的心中就有快樂的寶藏哦！

問飛鳥，爲什麼要在天空裡翱翔？飛鳥說：空中有快樂！問游魚，爲什麼要悠遊在水裡？游魚說：水裡有快樂！問湖泊，爲什麼要在山林裡奔騰？湖泊說：山林裡有快樂！問人間，爲什麼大家要這樣東奔西跑，忙碌不堪呢？他說，在人間裡廣結善緣、造福人群就有快樂！

人生，快樂那裡找呢？信仰裡有快樂，修行裡有快樂，服務裡有快樂，靜心裡有快樂。只要有心，快樂就在我們的心裡！

《人間福報》二〇〇一年九月六日

心鎖

心，好像一道門，可開可關，還可以上鎖。心鎖打開，心裡的是寶藏、是沙石，都可以開採出來；心的寶藏如果鎖起來，就莫測高深，別人便無法了解了。

有的人，心裡面想些什麼？欲望把它鎖起來；感情也把它鎖起來；私密也把它鎖起來。鎖，代自己保管自己所有的東西，不讓它隨便失去，爲別人所得。所以，抽屜要上鎖，房門要上鎖，保險櫃要上鎖，心門要上鎖。

各國的海關，都不能讓你隨便通過，海關像一把鎖；海域有時候封

鎖了，不讓你的船隻通過；空中航線把它封鎖了，不讓你的飛機飛過；犯罪的人，鐵鐐枷鎖，讓你不能自由。鎖，是不自由、不公開、不放行的意思。國家的情報，你要把它封鎖好；別人的事情，隱惡揚善，也是封鎖的美德。

這一個世間上，重重的關卡，好像每一個人的生命都有它的密碼；每個人的生活，也都在他深深地鎖住之中。

什麼東西被鎖了以後，那裡面就有秘密；有人問六祖大師「你說的佛法之外，還有秘密否？」六祖大師回答說「密在汝邊」。意謂：我的佛法沒有上鎖的，你心中的鎖開了，自能有佛法進來！

世間上有沒有秘密？有人說沒有秘密，但是像子孫爲宗親、老祖宗守家傳的秘密；過去爲了倫理、種族，甚至私生子女都嚴格地鎖住秘密；「趙氏孤兒」的典故、公孫杵臼以子易子，一直守密，多麼可歌可泣的壯烈的守密故事啊！

秘密，眞的守得住嗎？甲告訴乙說「我有一個秘密，我告訴你，你可不能告訴別人」；乙告訴丙說「我有一個秘密，我告訴你，你可不能告訴別人」；輾轉不久，所謂「秘密」者，天下皆知啊！

在很多的守密當中，都是無可厚非；因爲等於是商業機密、業務機密、人事機密、財務機密，只是很多人把秘方認爲是秘密不傳，以致喪失益世的功能，殊爲可惜。因此，心鎖應是當開則開，當鎖則鎖，尤其心門要開，所謂「心開意解」，心不開，如何涵容人情義理？

《人間福報》二〇〇一年九月七日

開通理路

蠻荒時代，大地一片荒蕪，舉步落腳，沒有道路可行，所以先從鄉村鄰里，有了錯綜複雜的阡陌小徑；及至人類文明發達，通都大邑，就有了公路、鐵路，甚至於船行在海上、飛機飛在空中，所謂海中也有航道，空中也有航道。

所以，每一條道路，都能去到我們要到的目標。道路打通了人與人之間的隔閡、國與國之間的閉塞，道路可以溝通了全民的來往聯誼，因爲世界有四通八達的路，所以人間美不勝收。

一個人的笑容，就是和人的通路；會說很多種語言，就是有很多種通路；很多的好因好緣，都是人間美好的通路。

一個人的身體裡，血管就是全身的通路，脈搏就是生命的通路；因爲有通路，人的身體才會健康，人的生命才能健全。電器有電器的通路，水管有水管的通路；一個人，頭腦也是通路，頭腦的通路齊全，做人處事才會理路清楚，道理明白，理路是所有的通渠大道中，最重要的一項。

你看，有的人讀書很多，知識淵博，但是理路不通；有的人善於言辭，滔滔不絕，但是他只會說，到了待人處世的時候，就沒有了理路。有的人創業成功，但是做人的道德失敗，因爲他的理路不通；有的人只是向前開路，不知道要預備後退的道路；有的人只曉得單行的道路，不知道人與人之間還要有雙向往來的雙線道路。

有人說，口邊就是道路，眼睛看的，就是道路，腦筋判斷一下，就有道路。其實，道路不一定是土地上的道路，水裡的道路，空中的道路；眞正的道路，是在我們的心裡。我們心中有通天的路，有通往聖賢的路，當然也有通地獄、餓鬼、畜生的崎嶇道路。

路，是人走出來的。擺在我們心中的，有直線的路，有彎曲的路；有平坦的路，有崎嶇的路；有善美的路，有罪惡的路；有光明的路，有黑暗的路。聰明的人兒，你想一想，你究竟要走哪一條路呢！

一般人講開通理路有情理法，所以我們要檢查自己，在情感上能有大公無私、昇華感情的道路嗎？在講道理的時候，能夠四平八穩，讓大家都能接受嗎？在法治上，你能夠公平公正嗎？

情理法就像道路，如果崎嶇，如果彎曲，如果斷裂，到了理路不通、情理法不明，那做人處世就困難了。

《人間福報》二〇〇一年九月八日

慶生會

每個人每年都有一個小生日，每十年有一個大生日。每逢生日這一天，慶生方式各有不同，有人要出遊，有人要宴客，親朋好友也會送紀念品祝賀；尤其一些有地位、有勢利的人，每到生日，賀客盈門，眞是招財進寶，不亦樂乎！

但是，「慶生會」實在說來這是「母難日」，因爲母親在這一天生養我們，生產時的痛苦、哀嚎，那裡值得我們來慶賀呢？所以現在有人把母難日的「慶生會」，改叫「報恩日」，或集體聚會，稱做「報恩會」。

不管是母難日也好，報恩日也罷，慶祝生日，應該發揮父教母愛，

因爲我們的生命是受之於父母，應該以父母爲中心。自古有一些賢明的皇帝，爲報母恩而在母難日這一天大赦天下，或是邀集天下長者共同慶祝，以示與民同樂。也有一些大財主，選在母難日這一天，施粥賑災，惠施貧困。

現在的人，也有不少佛教徒在父母生日這一天印經送人，或是爲父母成立基金會、設置獎學金、開辦醫院、設立圖書館等。如果沒有能力做到這些，至少當父母健在時，應該爲父母設想，做一些他們歡喜的事，例如旅行、參訪寺院、齋僧宴客；若父母不在，可以邀約親朋故舊，談敘父母的懿行，或者出版父母言論的書籍，替父母從事公益，造福社會人群，把父母的德澤遺愛人間，永垂寰宇，並且以此功德回向父母得生淨土，這才是生日慶生之道。

慶生祝壽，尤應避免殺生，因爲從自己的生日應該想到，天下蒼生，甚至一切眾生莫不愛惜生命，大家都有生存的權利，所以要護生、助生。若爲自己求長生而殺他生命，於理順乎！所以求長生不一定得長生；能夠護生，才能得長生。

生命的意義，除了肉體上的壽命以外，其實我們更應該努力創造美好的語言壽命、芬芳的道德壽命、顯赫的事業壽命、不朽的文化壽命、堅定的信仰壽命、清淨的智慧壽命、恆久的功德壽命、互存的共生壽命，這才是善於體會生命的人，這才是眞正善於祝壽慶生的人。

《人間福報》二〇〇一年九月九日

突破與看破

做事要有勇氣突破一切的困難與障礙，才能有所成就；如果沒有積極突破困難的勇氣，那只有消極的看破。既不積極突破，又不能消極看破，那又怎麼辦呢？

一對情侶彼此相愛，但是他們遵守禮法，誰也不敢先表達愛意。時光悠悠，歲月流逝，因緣就此有了變化，女方奉父母之命遠嫁他方，男方青年聞訊，捶胸頓足，懊悔不已，怨恨自己沒有勇氣突破心中的怯懦，勇敢的向女方表達愛意。數十年後，二人相見，女方談到當初等他表達的焦急心情，爲什麼他不肯先示意呢？男士表示懊悔不已，女方只

有告訴他：當初既然沒有突破的勇氣，現在也只有消極的看破了。

世間上的功名富貴，人人想要，但是你能積極的突破困難、障礙，勇往向前嗎？世界上一切美好的希望、成功，都是屬於肯突破的勇者所有，如果無法突破，何妨從放下裡也能找到很多的因緣與樂趣喔。

嚴子陵與劉秀是同學，論聰明才智，儀表風度，嚴子陵都遠勝於劉秀。二人共同愛慕美麗的女同學陰麗華，但是命運不同，後來劉秀當了皇帝，陰麗華成了劉秀的后妃，但是嚴子陵仍東南西北號召有才能的奇人異士輔佐劉秀。當劉秀晏駕以後，嚴子陵到劉秀的靈前祭祀時說：政治上你是勝利者，我是失敗者，愛情上你是勝利者，我也是失敗者，但是勝利者也好，失敗者也好，最後都是黃土一抔。

嚴子陵眞不愧是一個隱士，因緣既不能積極的突破，就應該消極的看破，也不失其人生之樂啊！

世間上各行各業，軍政專家，科技學者，都應該積極的突破智能、突破環境、突破人事、突破障礙，勇往直前，或許能開創出另一番天地。如果沒有突破的勇氣，只是隨緣浮沉，只有消極的看破了。

突破的人生是向前進的，看破的人生是向後退的。當然，前面有前面的世界，後面有後面的世界，可是心裡總要心甘情願的接受一個願意向前，或者願意後退的世界，否則身心如何安頓呢？

《人間福報》二〇〇一年九月十日

中陰身

人死之後，到那裡去呢？人之死後，在還沒有投胎轉世之前，他是一個「中陰身」的地位。

什麼叫「中陰身」？簡單的說，就是生死之間並不是沒有「我」這個人了，我的心業還存在，這個心業就叫做「中陰身」。

中陰身的生命有多長？在人生數十寒暑之後，轉世投胎爲牛爲馬，爲天人爲阿修羅；從這到那，可能數百年，可能是數小時，但中陰身的年齡究竟有多長？以經典論，中陰身只是生死中間的一個過渡，它可以長四十九天，也可能只是短暫的幾秒鐘之間。

在中陰身的階段，是靠著自己往昔的行爲業力，在五趣六道中去找他的緣分轉世。有時候是隨著重的業力去投胎，有時是隨念的業力去轉世，有時是隨著習慣記憶，朝著印象深刻的地方走去。

中陰身是個一尺多長，類似幽浮的一個陰暗的東西，它在大氣虛空中飄浮，找尋它的歸宿。有時它會經過一道白色的長洞，穿過這個長洞，必定投生於善道，所謂天、人之類；如果是罪惡深重的人，他就會經過一個黑色的長洞，穿過黑洞，可能是地獄、餓鬼、畜生。就好像人間犯了罪刑被囚禁的人，送到那一間牢房都不是太嚴重，因爲服刑完畢就可以出獄；中陰身投胎後，不管生在那一道，只要業報受盡，還是會有重新來過的機會。

人死之後在中陰身時，我們要預知它的未來，其實從往生時刻的屍體，也可以找到一點訊息，如「頂聖眼生天，人心餓鬼腹；畜生膝蓋離，地獄腳板出」，是可以測量的。

當中陰身尚未找到歸宿，在大氣裡浮沉的時候，在陽間的眷屬為他誦經、拜懺，這種祝福的心力會影響到他的去處與未來。誦經是家人和有德者對亡者未來轉世投胎所做的一種教化和引導，這是一種中陰身教育。

死亡不見得是值得悲哀的事，等於木柴燒完以後，中間有個火源接續傳遞到另一根木材，木材就會繼續燃燒，所謂「薪盡火傳」，人的生命永遠不死。所以人生對於未來不必畏懼恐怖，不必認為未來是幻滅的人生，你有信心生命不死，死得了身體死不了生命。所以吾人不要生死顛倒，心生恐怖，我們應該積極行善，以為未來找尋人生更高、更大的出路。

《人間福報》二〇〇一年九月十一日

學歷的迷思

學歷重要不重要？學歷重要！因爲東西的輕重要用磅來秤，東西的長短要用尺來量；一個人有沒有學問，只有用學歷來測量。

學歷不是絕對的，有的人碩士、博士畢業，連個中學生都不如；有的人小學畢業，卻成爲大學教授。例如王雲五、錢穆、黃海岱、齊白石、張大千等人，他們並非以學歷取勝，而是憑著實力在各個領域裡大放異彩，所以一個人與其重學歷，不如重學力。今天社會上，有學力而沒有學歷的人，不勝枚舉，希望教育界不要再抱殘守缺，不要執著成規，應該讓人盡其才，物盡其用，不要被既定的政策所限。假如你一定要以學歷爲重的話，那麼古來聖賢如佛陀、耶穌、蘇格拉底，他們是什麼學校畢業？莊子、孔子、孟子，他們又是什麼學校畢業？惠能、朱熹，他們是那個大學畢業？其他如唐宋八大家，他們雖然不是博士、碩士，但他們不都是文章千古事，一直爲後人所崇拜嗎？

當初遠古時代並無學校，反而出了許多的思想家、教育人才，請問今日學校林立，我們的人才又在哪裡呢？曾經有一度，教育部開放讓許多學有專長而沒有學歷的人士進入大學教書，希望社會能對此廣爲宣揚、倡導，成爲落實的政策，則教育幸甚。

在台灣曾經擔任過中華民國教育部長的張其昀先生，不愧是一個偉大的教育行政長官。在他卸任部長之後，創辦了中國文化大學，任用許多黑牌大學教授，成就了很多博學人才。尤其當初三毛女士只是報名入學，並未實際就讀，張其昀先生不但頒發證書給他，並且召集全校師生講話，他說：「今日三毛女士並不以中國文化大學爲榮，而中國文化大學將以三毛爲榮。」

胡適之、傅斯年也都是偉大的教育家，尤其胡適之先生提倡「新文化運動」，對社會風氣、人文思想造成諸多改變，所謂「大膽假設，小心求證」，成爲教育學上金科玉律的理論。傅斯年先生主持台灣大學校政雖然只有極短的時間，但是他對新思想的提倡，對學生的愛護，處處都爲台灣的大學開創出一番新天地。

《史記》的作者司馬遷，他有讀過

大學嗎？編纂《四庫全書》的紀曉嵐，你說當時有那一位老師能以《四庫全書》來教授他呢？元曲、宋詞、明清小說，如曹雪芹、羅貫中等，他們又是哪個學校的碩博士呢？

中國人是一個很聰明的民族，希望教育長官不要再用框框來框住中國人的思想，所謂塡鴨式的教育不一定就是一成不可改動的，希望教育官員們三思！

《人間福報》二〇〇一年九月十二日

困境

困境，大自國家、社團，小至家庭、個人，常常會發生困境問題。政治人物有政治人物的困境，教師有教師的困境，生意人有商業困境的問題，甚至老病的困境、家庭的困境、失業的困境、醫療的困境，幾乎無人、無處、無日沒有困境。

台灣的社會目前就有經濟的困境、失業的困境、棄土的困境、人口的困境、飲水的困境、用電的困境、外交的困境等，要把這許多的困境一一解決，需要投下人力、財力、物力以外，最主要的是智力。

如何解決國家、社會、大眾的困境，茲提供意見如下：

一、要公而無私：有時困境是來自於某些人的私心作祟，把問題跟私人的利害結合在一起，失去了公正、公開、公平的原則，所以難以解決。現在要解決困境，非得從「公而無私」做起，始能克竟其功。

二、要平等無差：在困境裡面，必定牽涉到許多的人事問題，如果沒有平等待遇，仍然讓大家的利害差距過遠，當然困境就無法突破。

三、要尋根探源：困境產生了，光是在結果上找不出解決的辦法，必須把困境的原

因、根由找到以後，應對症下藥，困境自然迎刃而解。

四、要共商解決：既是困境，就不是一個人的能力所能解決，此時要虛心，相約有關人士，共商解決之道。

五、要自我謙虛：困境總是因爲自我的執著，自我的傲慢，所以才把困境弄得難以處理。如果能用謙虛的態度，不在人情上計較、比較，困境自然化解。

六、要開放言論：困境必然是問題久已積聚，慢慢走入胡同，是一個死角、死結，解不開。如果國家、團體、個人遇到困難時，能開放言論，讓大家表達意見，三個臭皮匠，必定能勝過諸葛亮。

七、要大眾互惠：困境所以產生，必然是有少部分人得益，而多數人沒有機會，所以多數人杯葛少數人，因此產生困境。假如一個事業面

臨困境時，能把利益與人分享，能夠大眾互惠，必能解決困境。

八、要觀摩各方：困境產生了，不管是交通問題、教育問題，或是經濟、外交、內政等問題，都可以到國外參訪，透過各方的觀摩學習，尋求解決困境之方，必然解困有道。

有的人長於解決困境，有的人稍有困境就顯得手忙腳亂。解決困境，一向大公無私的人，必然容易解決；有民主雅量的人，也容易迎刃而解；有「皆大歡喜」性格的人，也不怕困境難以解決。

你有困境嗎？上列辦法不妨一試。

《人間福報》二〇〇一年九月十三日

千里馬

你是千里馬嗎？當然！每一個人都想做千里馬，但事實上，千里馬不是那麼容易做的呀！

在萬馬奔騰中，你也難發現誰是千里馬；就算是千里馬，給其他的劣馬擋住去路，阻礙前途，千里馬也衝不上前去。因此在一大群馬匹中，千里馬要以牠生來的神力、速度、性格、承擔、負責，超越群馬，才能成爲千里馬。

假如自己是千里馬，你會慨歎：「伯樂難求也」。誠如韓愈說：「世之千里馬常有，伯樂不常有。」我們世間上的伯樂在哪裡呢？今日帶你往前奔跑的長者，已經很少了，爲你表揚，爲你鼓吹的領導，更不多見；踢你一腳，勾你一腿的主管，倒是常有。誰是伯樂，不易見也。

假如你是千里馬，懷才不遇，不要悲歎；千里馬是被人賞識出來的，你也可以做出一番功業，讓人來發覺你是千里馬，不也是一樣嗎？

中國俗語說：「三百六十行，行行出狀元」。社會上的每一個行業，其實都有千里馬。教育界擅於教授的，那不是千里馬嗎？書畫界有特殊造詣的，那不是千里馬嗎？資訊界有特殊技能的，那不是千里馬嗎？工商界有特別貢獻的，那不是千里馬嗎？水利專家，農業改良，橋樑工程，道路河川，科學園，原子爐，不都是千里馬在那裡發揮嗎？

事實上，今日的社會，千里馬充斥在各行各業，各行各業也任由千里馬馳騁、奔騰；一直自怨自艾，慨歎生不逢時，不能得遇伯樂的千里馬，自己可以三思，我是千里馬嗎？

人，也不一定要做千里馬，人人都是千里馬，那麼劣馬是誰呢？孫中山先生說：要做大事，不要做大官。一粒沙石，可以滲在水泥中，成就一棟大樓；一朵小花，開在萬綠叢中，也是鮮豔無比。一顆螺絲釘，也可能會幫助一部大機器的運轉；一根毫毛，也會幫助我們人體呼吸哦！

人，不要羨慕千里馬，也不要慨歎自己小不中用，千里馬有千里馬的發揮，小花小草也有小花小草的作用。人生的舞台，男主角、女主角固然有人鼓掌、歡呼、喝采，假如沒有我們跑龍套的扛起大傘，又何能襯托出男女主角？又何能成就這一台戲呢？

手指伸出來，有長有短，長的也不一定是大用，短的也不見得是無用。在什麼時候，在什麼地方，看我們各顯神通，那就是千里馬了。

《人間福報》二〇〇一年九月十四日

硬體與軟體

現代的科學發明帶來許多新名詞，在電腦科技的世界裡，有所謂硬體與軟體，茲申其意如下：

硬體是有形有相，是看得見、摸得著的物質體相；軟體是無形無相，看不到、摸不著的精神力用。例如一棟房子，鋼筋水泥建造出來的外觀是硬體，裡面的裝潢、設備，如何讓人住得舒適，又感覺賞心悅目，甚至住在裡面的成員，如何共同營造出家的感覺，讓它散發出溫馨和樂的氣氛，這就是軟體備配的功能。

父母生養兒女的色身，這是硬體，如何教育他知書達理，懂禮貌，有思想、有智慧、有學問、有道德，這就有待軟體的充實了。

一所大學，儘管校園廣闊、校舍林立、圖書充棟，這都只是硬體設備；更重要的，師資的健全、校風的樹立，以及學生的素質、學術的研究、師生的互動等，這些軟體配備齊全，才能成爲一所優良的學府。

一間醫院，美輪美奐的院舍、高科技的醫療器材，這是硬體建設；醫護人員的醫術、醫德，這些軟體性能好壞，才是醫院的生命所在。

一條高速公路，有了平整寬廣的車道，這是硬體設施；如何建構交通網路，讓車輛行駛其間既安全舒適，又能溝通全國，達到四通八達，無所阻礙的整體規劃，這是軟體建設。

一架飛機，裡面的軟體設備可能比硬體價值更高；一艘軍艦，軟體必然勝過造艦的價值。製造硬體有一定的成本，軟體則是無限的投資，

所以一般人只重視硬體設備，而忽略軟體的內涵，其價值必然減低。

一部汽車，縱使是貴爲進口的賓士、勞斯萊斯，雖有一等的引擎、零件等硬體設備，但是如果駕駛人員不守交通規則，沒有好的軟體，也顯不出硬體的功用與價值。

硬體是軀殼，軟體是靈魂；硬體是靜態的，軟體是動力；硬體是死的，軟體是活的。因爲硬體是體積，軟體是活用；硬體容易製造，而軟體是精神，要讓它達到眞善美的境界，比較困難。有了硬體建設，必需要軟體來發揮功用；而軟體的功用，也必須依附硬體的設備。硬體與軟體其實是要相互爲用，例如一台電腦，有了主機與網線等硬體架設，再配上軟體程式，才能E-mail，才能發揮無遠弗屆的傳輸功能。

再如一隻電燈，也是要借助烏絲、燈泡、電線等硬體，才能發光、發亮。所以有了硬體，軟體才能呈現功用；有了軟體，硬體才有生命。

一個國家，經濟、國防、交通等建設是硬體；自由、民主、開放，乃至人民的守法有禮、互助友愛，這就是他的軟體。

親愛的朋友們，我們每一個人都是硬體與軟體，我們要想做一個健全的人，一定要有實用的硬體，更要有活用的軟體。兩者相輔相成，才能發揮大用哦！

《人間福報》二〇〇一年九月十五日

一顆種子

不要小看「一顆種子」，植物所以繁衍，生生不息，就是靠一顆種子。你看，一顆小小的尼拘陀樹的種子，你把它播種到土壤裡，長大以後，它就可以結出成千上萬的果實。

不要以爲一顆種子不重要，宇宙間的植物，都是靠著種子而繁榮，如果宇宙之大沒有種子作爲本源來繁衍成長，就沒有辦法開花結果。當然，種子有好有壞，好的種子品質高，成長好；有的種子品質壞，成長情況自然不理想，所以農夫耕種都要選好的種子。

現代的農業植物專家，透過接枝接種的技術來改良品種。接枝接種都要選擇優良的品種，甚至動物交配，也要講究品種的優劣，男女結婚，也要先做健康檢查，這都是重視「優生學」，重視後代的成長。

從一顆種子可以改變世界，我們就可以知道，每做一件事，每起一個念頭，每說一句話，我們不要以爲是很小的事情。報載，在北京的一隻蝴蝶翅膀振動一下，就可以掀動歐洲的空氣；牽一髮而動全身，一滴水就可以流入三江四海之內。一顆石子投入大海裡，它就可以振動五洲七洋，所以「勿以善小而不爲，勿以惡小而爲之」，這都是「一顆種子」的原理，不能大意。

二千多年前，佛教的高僧大德從印度來華，他們攜帶了一些種子，今天中國的胡桃、胡椒、胡瓜、胡麻等，這些「胡」的品種，不都是當初佛教攜來的一顆種子，而今才得以在中國繁衍不已的嗎？

「一花一世界，一葉一如來」；一不是少，萬不是多，即使是道家也說：「一生二，二生三，三生萬物。」從「一顆種子」，想到世界上的「一」，實在是一個奇妙的數字；一顆種子，一朵花，一棵樹，一座山，一個國家，一個世界，一個虛空，可是這個一，裡面包含了無限。所以一等於種子一樣，可小可大，可多可少，可一也可無限。

我們種植，從一顆種子開始；我們布施，從一塊錢開始；我們說話，從一句善語開始；我們做事，從一件善事開始，我們有了這許多善美的「一」的因緣，還怕我們的未來沒有無限美好的果實嗎？

詩云：「三寶門中福好修，一文施捨萬文收；且看當初梁武帝，曾施一笠管山河。」一顆種子，一個善念，就是「一」，切莫小視喔！

《人間福報》二〇〇一年九月十六日

用餐時間

現在的社會，分秒必爭，連用餐時間都要一邊吃飯一邊辦事，例如身爲主管的人，利用早餐聽取秘書報告：今日該會那些客户？該出席那些會議？該批閱那些公文？該回覆那些電話？或是交代秘書該辦那些事情。午餐時間，不是與客户應酬，就是電話洽談生意；到了晚上，終於可以利用晚餐與家人團聚，或與知心朋友聚餐。但是，有的人連晚餐都是應酬不斷，所以現在許多工商界人士，彼此道別、約會，經常都說：午餐再見；或說：晚上餐桌上見。

用餐時間，尤其是早餐時刻，因爲工作不斷，接洽不停，因此這一天的情緒，往往隨著各處報告的好與不好，隨著外面的喜樂憂愁，情緒也跟著起伏不定。一個不如意，飯菜一推，不吃了；甚至聽了不想聽的話，一整天心情鬱鬱寡歡，整日情緒都提振不起來。

有的人在早餐時間解決了許多問題，覺得無比的輕鬆自在。中飯時間，如果各種大小事情都能及時處理妥當，中餐自然吃得逍遙自在；如果還有事情有待解決、疏通，則中餐就會吃得沉重無比。

晚餐時間雖與家人團聚，如果家人相互友愛包容，講些幽默笑話，其樂融融，自然比賺錢、升官發財還要令人高興；但有時家人之間關係不融洽，或是有人報憂不報喜，讓家中充滿凝重氣氛，也就難怪有人願意在外流連而不願意回家吃晚飯了。

現代人工作忙碌，不得不利用用餐時間經辦許多事情，從早餐開始，電話不斷，報紙新聞，造成心情隨著外境起伏，食不知味；及至午餐，本應好好吃飯，但是也被工作、輿論、是非，搞得難以開心，晚餐也因家中瑣事，多少影響食欲，造成消化不良，罹患胃潰瘍。

吃飯本來應該保持愉快心情，同時要定時定量；但是今人不但用餐時間心情沉重，而且三餐不定，或是吃得太鹹，口味太重，讓心臟負荷太重，腎臟功能受損，這都違反保健之道。

佛教講：早上粥有十利，中午酥陀妙味，晚餐應作藥石想；這都是健康的飲食之道。尤其吃飯最好只吃七分飽，飯後常跑跑，而且早餐要吃得好，午餐要吃得飽，晚餐要吃得少，這才是健康的飲食之道。

身體的健康，要靠平時的維護；用餐時間是一大要素，能不重視乎！

《人間福報》二〇〇一年九月十七日

生命的字典

你查過「生命字典」嗎？你知道什麼是「生命字典」嗎？其實吾人自呱呱墜地，一直到我們告別世間，這就是我們的一部「生命字典」。

「生命字典」也不只是某一個人的，古今中外，每一個人都有他的一本「生命字典」；「生命字典」也不光只是記錄我們的一生，可以說從久遠的過去，一直到無限的未來，自己的功過、善惡，所做所言，所思所想，都可以在「生命字典」裡查閱清楚。

法國的拿破崙說，他的字典裡沒有「難」字；蘇格拉底的字典裡沒有「苦」字，所以他們都能垂範後世。

政客的字典裡只有權勢，忠臣的字典裡只有國家，商人的字典裡只有金錢，熱戀中的愛侶字典裡只有所愛，父母的字典裡只有兒女，佛菩薩的字典裡只有眾生。這許多的字典，有的內容豐富，多采多姿，可以供人查閱；有的乏善可陳，不堪一讀。

字典也有許多的分類，如現在的醫學、科學、哲學、天文、地理等，分門別類；其實世間上芸芸眾生，應該也有分類，有忠臣，有孝子，有名將，有懦夫，有君子，有小人。

我們每個人的人生，在生理細胞的分解過程裡，在我們的精神慧命裡，也有許多充實的語彙，例如：有的人的生命字典裡，慈悲即占去了字典的一半篇幅；有的人的生命字典裡，則是字裡行間無不洋溢著智慧的芬芳。

字典是無言的老師，字典是我們一生的總結，字典是我們的成果展。一部好的字典，對國家、對父母、對自己都要能有所交代，所以我們要用願心；用慈悲、用智慧、用理想、用抱負來編寫我們的生命字典。

我們的生命字典裡，要不斷創造出許多激勵人心、有益社會人心的名詞，例如我們要讓生命的字典裡充滿了服務熱心、爲國奉獻、造福鄉梓、社區典範、孝行楷模、溫柔敦厚、篤行誠實、勤儉樸實、尊重包容、歡喜融和、品德芬芳、精進不息等，讓我們的生命字典都能流芳千古，永遠爲人所樂於翻閱、傳頌。

《人間福報》二〇〇一年九月十八日

畏己——九一七台北水災有感

美國發生九一一不幸暴力事件後，全美上下一致，團結一心，從退任總統、參議員，到老百姓，無一不齊心合力爲未來的美國奉獻打拚，所以有人讚歎美國是一個優秀的民族，因爲他們「敬天畏人」。相反的，前天台灣北部發生九一七納莉颱風引起巨大水災，人民卻互相責罵，除了指責各黨各派，各單位首長，連陳總統叫的「水扁」名字也被怪罪，實在說，有失於寬厚。

過去帝王國難之際有下詔罪己者，現在到了民主時代，應該人人當家做主，大家應共同表達罪己之意。每個人都應該問自己：「自己所說的語言全是對的嗎？自己所作的行為全是對的嗎？自己所思所念全是對的嗎？」假如自己的身口意有所差錯，就不應該完全責備別人，應該要責備自己，因為自己是最可怕的。

我們濫砍山林、我們挖掘河川、我們亂丟垃圾、我們製造髒亂、我們亂排污水、亂停車輛、製造喧嘩噪音、不顧大體、無視於公眾……這一切一切，我們自己該責罰還是不該責罰？我們是有罪還是無罪？我們不但要敬天畏人，更要敬天畏世，在譴責別人之際，尤重反省責己：難道世界上一切罪惡都與我們無關嗎？

這兩天我們看到電視和電台的「叩應」節目，大家因為到處淹水，因而發出一片對政府撻伐之聲，台灣一有災害，人民就先怪罪官員，此舉實有失厚道之過。

一個優秀的民族，遇到天災地變，應該團結一心，共赴國難，不該罵來罵去，互相責怪，這種劣根性的民族，必須重新教育，才能與未來世界競爭。常言：「責人之心責己，恕己之心恕人。」往日叢林的修道者，所說的話非常值得大家學習，例如：「學人無知，沒有洞察先機」；「弟子慚愧，請長者多多指導」；「末職苦惱無能，未曾盡責爲常住奉獻心力」。由於這些美好的語言，而帶來一片祥和之氣。即使事情做到圓滿，也說「些微貢獻，不值讚美」或「當更盡心，爲眾出力」。秉懷這種同甘共苦的決心，以鼓勵代替責備，以善言化解干戈，所以佛門教育畢竟值得社會學習。

我們看見兒童在父母跟前認錯道歉，一副楚楚可憐的模樣，父母那能不心軟呢？假若夫妻一方認錯言和，何來家庭糾紛？街巷鄰里，大家都互相點頭招呼，讚美說好，社會的綱常紀律那會敗壞如此？縱有國難天災，如果政府愛民，人民敬官，即使風雨，也會感覺到風雨中的祥和與溫馨。

看到各地災區那些救難人員捨己救人，不禁讓人肅然起敬，怎麼聽不到讚歎的聲音呢？

曾子說：「吾日三省吾身。」我們各自反省自己，責備自己，敬天畏人，尤應畏己，才能創造美好和平的現代國家。

《人間福報》二〇〇一年九月十九日

職業之外

社會上流行著人人要有一份職業，因爲有了職業之後，就算爲社會從事正當的工作，每月也有一份正常的待遇，可以維持生活，權利義務之間，覺得這已經是正常的人生了。

其實，人生在世，以工作賺取金錢維持生活，把職業定義如此，則與牛馬豬狗又何分別呢？牛的職業是耕田拉車，馬的工作是作戰馱人，狗的任務是看家顧門，貓的使命是捕捉老鼠。因此主人飼養牠，給牠一份飲食，維持生活，也享有權利義務。

但是，職業都是從經濟上著眼，難道人活在世上，只有經濟上的職業價值嗎？職業之外，人其實還應該要有德業、道業、學業、家業、志業、行業、心業等，所以吾人在職業之外，不能不考慮到其他的事業與心業。

自己的學業不健全，能力不足，縱能找到一份職業，也不是重要的職業；道業、德業不健全，人品不高，德望不夠，也是只能做一些勞力的工作。所以有人會批評說：那不是一份高尚的職業，那不是一份正當的職業。

家庭裡的分子，各有各的職業，甚至為了職業，兄弟姊妹，東分西散，不能團聚。假如有一份家業，雖然為人批評是家族企業，但是家族的事業，只要人人具有道業、德業，所謂「兄弟同心，利能斷金」，這家族事業的發展，一樣可以為社會大眾創造福利。

職業，有人事與願違，雖有事業，但不合自己的志趣；因為所做與自己的志趣不合，所以每天總想著要更換一個新的工作。現在雖然士農工商，甚至還有新興的許多行業，如電腦資訊網路、大眾傳播、醫藥、旅遊、服務業等，但是不合興趣，不合志業的工作，從事起來，枯燥乏味，實在辛苦。

其實這許多事業，都還只是有形的，更有一些職業與「行業」及「心業」有相當重要的關係，甚至與未來有密切的因果關係，這就不能不愼重其事了。例如身爲醫生，這是一份職業，也是自己的志趣所在，但是你服務的品質，把人救活了，當然有功德，誤診誤斷，喪失人命，則有罪業，所以不是有了歡喜的職業就算了，另外還有行業、心業，最後它們都會來爲你結算總帳。

再如傳播媒體，報導社會時事百態，有的隱善揚惡，揭人陰私，喪人名節，誤報誤傳；職業之外，行業的帳目可就很難算得清楚了。

世間行業，貪瞋愚癡，殺盜邪淫，罪業是一時的，行爲和結果很容易相等的有個交代；但是媒體的行業，因爲有的文字影響年代久遠，影響人數眾多，牽連廣泛，心業之重，恐怕就要等將來披枷帶鎖，做長期的償還了。

職業，人人需要，但是正當的職業要考慮他是否違反道業和德業，不是只爲現在賺錢維生就算了。因爲每一種職業，都與道業和德業有關，甚至將來還有一個行業，行業更與善業、惡業、引業、滿業、自業、共業，都有相當重要的關係。因此職業不只是職業，職業之外，行業的因果業報，可不愼乎！

《人間福報》二〇〇一年九月二十日

生活教育

吾人到世間上來，最重要的大事，就是要受教育。

談到教育，有家庭教育、學校教育、社會教育、人文教育、科技教育、美學教育、體能教育、道德教育等。其中最重要的是生活教育。

什麼是生活教育？衣食住行是生活教育，行立坐臥是生活教育，家居人倫是生活教育，社會人際是生活教育，行爲談吐是生活教育，進退行止是生活教育。但是今日的學校教育大都只是重視知識的傳授，忽視了生活的教育，甚爲可悲！

你看，飽讀詩書的青年學子，已經高中、大學畢業了，你叫他倒

茶，他不會倒茶，你叫他掃地，他不會掃地。如果客人來了，連煮一碗麵，炒個熱飯請客人，他都不知道如何下手。見到人了，如何稱呼他，如何慰問他，也是一無所知。

現在的青年，對於自己的生理，一無所知；對於健康保健常識，一無所知；對於社會禮儀，一無所知；對於人際往來，一無所知。沒有生活教育，對一個青年的前途來説，影響實在是至大至深。

追根究柢，癥結所在，因爲現在的父母不以生活教育子女，致使子女只曉得看電視，打電腦，不知道如何生活。這是愛他呢？還是害他呢？眼前看起來是愛他，實際上將來進入社會毫無生活能力，才知道其實是害了他！

父母平時不但要把掃地、洗碗、煮飯的技能教給子女，並且還要教他學會雨天、夜晚，甚至戰爭、風災、震災，乃至在野外時如何求生，如何無具炊事等。這些求生存的本領是基本生活之要，如果不給予加強教育，又怎能應付未來的人生呢？

儒家對於人的教育，所謂「非禮勿視、非禮勿聽、非禮勿言。」朱鎔基先生的兒子，一日從垃圾筒撿回一樣東西，朱鎔基知道後，即刻要兒子把東西送回原處，因爲「非禮勿取」，這就是生活教育。

美國總統華盛頓，他把櫻桃樹砍倒了；雖然犯過，但因誠實認錯，父母仍然給予嘉許。威爾遜在大雪紛飛的日子，仍然背起書包，冒著風

雪前往學校；雖然到校後空無一人，其實這是父母給他的生活教育，讓他從小就知道勤奮向學，不可藉故偷懶。

明理的父母，發現兒女講錯話、冒犯了別人，即刻帶著兒女向鄰居致歉，毫不護短。對兒童的人格教育，寧可委屈一時，也要他將來有健全的道德、思想。現在「教育救國」的呼聲響徹雲霄，其實一個國民要有良好的生活品質，將來才能養成健全的人格，所以生活教育其實才是最值得提倡與重視的喔！

《人間福報》二〇〇一年九月二十一日

處理問題

有能力的人善於處理問題，沒有能力的人面臨問題就手足無措。人生每天都要面對很多問題，早上睜開眼睛，就有早餐問題、電話問題、上班問題、會議問題、金錢問題，以及與那些人士有待商榷的問題。可以說，好的、壞的問題一大堆，你有展現你的智慧，提供一些解決問題的辦法嗎？

有的人很怕問題，甚至躲避問題、拖延問題，讓問題延伸，愈來愈難解決，所以做主管的人一定要能幫助屬下解決問題。一個主管對

問題唯唯諾諾，讓問題存在，這必然不受部下歡迎；有的主管拖延問題，不給予解決，這也是讓屬下感覺爲難。

軍中曾經流行兩句話：「講清楚，說明白」，倒不失爲解決問題的好辦法。面對問題，能夠講清楚、說明白，即使一時不能實施，也要讓你明白，獲得你的諒解。

具備處理問題的能力，是現代人生存的重要條件。茲提供你處理問題的辦法數則如下：

一、不要擴大問題：中國的哲學有所謂「大事化小事，小事化無事」；能把不必要的問題輕輕帶過，問題自能消弭於無形。

二、不要低估問題：有的問題具有嚴重性，你不可以低估，尤其牽涉到人事、金錢、是非的問題，一定要注意處理。

三、不要隱藏問題：問題來了，要面對現實，要提出解決問題的第一案、第二案、第三案，不要隱藏問題。

四、不要複雜問題：有了問題，要讓它單純化，不能使其複雜化；既有問題，又把別的問題混雜不清，只有更加複雜化。

五、不要模糊問題：要看清問題的來龍去脈，就著問題的癥結提出解決之道，不要模糊了問題的焦點；問題模糊了，解決的方法再好，也無濟於事。

六、不要兩面看問題：做人有做兩面人，處理問題不能有雙重標

準，要統一解決，以免日後再滋生問題。

七、不要製造問題：沒有問題最好，有了問題總是麻煩，有人消滅問題，但有人本來沒有問題，又再製造問題，所以能幹的人不要製造問題。

八、不要執著問題：問題來了，有許多不同的看法與解決之道，重要的是不能執著，要讓問題從心上完全排除，這才是究竟的解決之道。

總之，處理問題要站在對方的立場設想，不要讓對方吃虧，這才是解決問題的高手。

《人間福報》二○○一年九月二十二日

人生第二春

有的地方，稻穀每年只收一季，但是經過研究改良，現在的稻米一年可收兩季；人生，過去認為青年期是人生的春天，但是經過現在醫學保健，人生也應該有第二春。

人生的第一個春天，年輕力壯，有理想，有熱情，有希望，有未來，有無比的信心，有無限的活力，就好像春天欣欣向榮，萬物生長。在人生的春天裡，洋溢著溫暖的氣候，透露著宇宙的生機，所以人人都應珍惜自己的春天。

但是，數十年後，年齡老了，工作退休了，人情練達了，意志消沉了，就好像歲末寒冬。其實，如果經過研討，不管男女，必然每個人都會擁有人生的第二個春天。

春天不是氣候，是在人和；年齡不是歲數，是在活力。現在五、六十歲的人生，在公務上退休了，但那只是工作，實際上正是自己的黃金歲月，活力的春天，在這個年齡正可以更有一番作爲。因爲年齡大了，老馬識途，在工作上不像初學者需要去實習、見習，也不需要上多少當才能學一點乖。

第二春的人生，經驗豐富，閱歷廣博，做什

麼事都能事半功倍。如果是教書的，可能不必準備教材，信口說來都是活課本。對於人情，不像年輕時候乳臭未乾，生澀無比，與人的言談，往往都是開罪於人。五、六十歲的人生，從自己的往昔經驗閱歷裡，談吐彬彬有禮，給人歡喜，給人信任，這不正是展現另一個人生的春天嗎？

五、六十歲的人生，有能力幫助社會做義工，有時間指導各處的社團活動。知識豐富，都能開導後輩；儀態行爲，都能做別人的榜樣。這正是春暖花開，是鎂光燈聚焦的所在，人生爲什麼不珍惜這個第二春呢？

國際佛光會的會員，若是在三十歲第一個人生的春天就加入佛光會當會員，經過了二、三十年後考取檀講師，五、六十歲的年齡在佛光會裡，可以在全世界弘法利生，眞是遊府吃府，遊縣吃縣。即使不能做到檀講師，也可以做佛光會的義工，在各個道場裡擔任各種活動的講師，主持讀書會，傳授佛法，必然也會歡喜快樂，也會美化生活，充實人生，這不就是人生的第二春嗎？

人生的第二春，在思想上不能意志消沉，心境上不能衰老；自己要像常精進菩薩，胸懷悲天憫人的情懷，帶著精進不懈的腳步，雙手播撒春光明媚的種子，讚美春風欣欣向榮的萬物，這是人人可得，人人具有，何樂而不爲呢？讓我們大家一起來把握人生的第二春吧！

《人間福報》二〇〇一年九月二十三日

計劃與變化

現代的社會，做任何事情都要講究計劃。建設一件工程，先要提出計劃；成立一個公司，也要提出計劃。有計劃，凡事豫則立；沒有計劃，臨時起意，打爛仗，臨渴掘井，總不合時宜了。

然而，現代的社會，計劃雖多，但是人心思想，各有不同，就是有計劃，也不時的在變化。有時經過大家商量，意見一致，已經達成共識；可是一個方案，到了主管那裡，只要「一句話」，所有的方案不但變化，甚至都不成爲計劃了。

過去的戰爭，好多的攻堅計劃、破敵計劃、反攻計劃，種種的作戰計劃，只要被不善於領導的將領一攪和，到最後所有的計劃都只成爲一句空話。

國防計劃、經濟計劃、創業計劃、交通計劃、農業計劃、出版計劃，一個不善於領導的主管，他可以隨意推翻你的整個計劃。有計劃當然會有變化，但是也要有睿智的人，由他把計劃做通盤的檢討，前思後想，做好周全的計劃，千萬不能用太主觀的私心、思想來面對計劃，讓所有的計劃最後都變成了傷害的文化。

有時候，政府把幾十年前的計劃、方案、法令，一再的拿來實施；沒有變化，就等於沒有計劃。大陸上，女人生育一胎化，多少的家庭，多少的生命，受到了創傷，這算什麼計劃？台灣實施「一個不算少，二個恰恰好」，但是第三個來了，又有什麼辦法去做計劃的配套呢？

家庭計劃、社會計劃之外，現在還有我們本身的生涯計劃，有哪些人能完成的？五年計劃，十年計劃，事與願違，一切計劃常常如同夢話。雖然計劃會變化，但是計劃必定是今後社會進步的動力。有計劃會減少人力，會節制資本，免得資源浪費。一個機關、公司、團體，進步衰退，一樣要看他的計劃好不好。有計劃總比沒有計劃好，有計劃即使是有了變化，可能也會比不變好。

佛說世間本來就是無常變化，但是無常變化可能會變壞，也有可能會變好。我們不能怕變化，只要是有好的變化，更進一步的變化，變化愈多，更能與時俱進，這不是很好嗎？

《人間福報》二〇〇一年九月二十四日

一半一半

在《往事百語》裡有所謂「一半一半」的哲學。

宇宙間，白天一半，夜晚一半；太陽和月亮也都各占有一半的時間；春夏秋冬也是把無盡的時間分成四分之一、二分之一，各得其所。

世界也是「一半一半」，東半球一半，西半球一半；海洋一半，陸地一半；高山一半，平地一半；植物、動物也都各占有一半的地盤。社會也是「一半一半」的社會，光明善美只擁有了一半的社會，黑暗醜陋也占去一半的社會；男人一半，女人也是一半；善的一半，惡的也是一半；是的一半，非的也是一半；即使是佛也只能擁有一半的世界，另一半為魔所有。

自古以來，人要想圓滿這個世界，要想統一這個世界，在「一半一半」的理論裡，何其難哉！

同樣的父母，生下來的兒女也會有好的一半，壞的一半；同樣的種子，撒在田地裡，開花結果的一半，扁癟枯死的也有一半。

過去說：話說天下大事，分久必合，合久必分；因為在時間的長河裡，分合必然也是一半一半。各種主義，有所謂自由民主主義，也有極權統治的主義，都是「一半一半」。

這個一半要想統治另外的一個一半，這不是不可能，但是就如丈夫要想統治太太，太太也想要統治丈夫。雖是夫妻，要想絕對的統治對方，這也不是易事。有權力的人統治一般平民，一般平民推倒統治階級的人，你可以壓迫我，我也可以推翻你，因為我們本來就是「一半一半。」

「水能載舟也能覆舟」；水能把火熄滅，火也能把水蒸發，彼此彼此，互不相讓，因為都是「一半一半」的原理。所以，聰明的人鄙視愚笨的人，愚笨的人吃定聰明的人，各有所長，各有所短。

人間能夠把「一半一半」的關係擺平，給予正常化，這個世界還能共存；假如一定我要打倒你，你要打倒我，那就紛爭擾攘，各有所損。我們最好的是，用好的一半、善的一半，去影響壞的一半、惡的一半。影響多少，不要寄予太大希望，任何人只要能接受好的一半，在壞的一半裡自然減少。接受好的，包容壞的，才能擁有全面的人生。

《人間福報》二〇〇一年九月二十五日

過程與結果

凡做一件事，都有一定的過程，也有一定的結果。有時過程是好的，結果是壞的；有時過程是壞的，結果是好的。例如生兒育女，兒女成群，讀書求學，都是好的；但是最後卻走入歧途，不是背叛國家，作奸犯科，就是淪爲江洋大盜，多少的過程苦心，最後落得一個不好的結果。

但也有的夫妻無兒無女，他撿來一個路邊的棄兒，骯髒懶惰，蠻橫無禮，但是經過愛心的教育過程，小孩一變而成乖巧伶俐，不但孝順養父養母，而且服務鄰里，勤於工作，持家立業，有了一個美好的結果。

有的婦女，最初怎麼樣也不肯嫁給那個男的，但是結婚以後，男有情女有愛，前面的過程是不好，後面卻有了很好的結果。當然，也有多少的青年男女情投意合，海誓山盟，但是結婚不久，又再離異分飛，甚至惹下多少恩怨情仇，這就是好的過程，未必有好的結果。

又如台灣爲了實施民主選舉，選賢與能，立意過程都是好的，但是結果選出一些自私自利，玩法弄權之徒，這是始料未及的不好結果。

有的過程不好，結果是好的，例如秦始皇築長城、隋煬帝開運河，過程是拉伕勞民，民窮財盡；但結果是提高國防，貫通南北，帶動地方繁華，千百年來後代子孫更是蒙受其利。

世間上凡一切事，都沒有絕對的好壞，任何事情都是有人吃虧，也有人討便宜，例如建一棟大樓，工程人員經過千辛萬苦，建好以後，住者居家安詳，就是好的結果。

做事要想有好的結果，在過程中就必須詳加注意，按部就班，使其有好的過程，也有好的結果。有時已經投資成本，犧牲奉獻，在過程上已經盡心盡力，但是沒有持之以恆，半途而廢，導致功虧一簣，因此能夠按照計畫，有始有終，才能有一個好的結果。

現代人做事，都有科學的標準，例如經商，一定要做市場調查、資本評估、未來推廣、人工原料，把過程都設想周全，甚至投資者是否志同道合？是否道德俱全？如果慎於過程，則必有良好的結果。過程不可存僥倖的心理，應該多方思考，多方研究。所謂有好的開始，就是成功的一半，所以有周全的過程，必定有成功的結果。

《人間福報》二〇〇一年九月二十六日

人脈關係

有一些人，我們讚美他非常能幹，因爲他交遊廣闊；交遊廣闊的人，表示他的人脈關係四通八達，各行各業都有朋友，都有因緣關係，所以這種人辦起事來，就能得到各方的援助。

你的人脈關係如何？你是如何建立自己的人脈關係？

有的人，他的人脈關係是經過自我吹噓、自我宣傳而來，這不能算是具有深厚的因緣；有的人從攀緣諂媚、自往臉上貼金而來，這也只能說是虛榮一番罷了。有的人牽親帶故，一表三千里，拉扯關係，這也不是眞正的人脈關係；有的人只是在會議桌上，在公共場合裡，或者在茶

會、餐會中有了一面之緣，彼此並無深交，這也不能算是人脈關係！

所謂人脈關係，要積聚許多因緣，平時你有慈悲道德，給過別人許多因緣，讓人家親近你、佩服你，彼此有了深厚的交往，這才能說是人脈關係良好。

現在的社會，人脈關係並不是靠吃喝玩樂，也不能靠利益往來，更不能靠關說請託，否則一不小心就會牽扯到法律上的問題。人脈關係最好是從恭敬中建立，從謙虛中建立，從知識交流中建立，從「君子之交淡如水」的感情來往中建立。

現在的裙帶關係，應該不再能派得上用場了；現在用金錢去打通關節，也不是正當的管道。在法治的社會裡，即使你有人脈關係，但是不合乎法治，一切都是空論。

現在政府機關裡，行政人員必然會有許多的人事來往；在教育界，你也要有許多的校長、主任跟你敘舊。整個社會，彼此的關係有的是同事，有的是同鄉，有的是同黨，有的是同教，有的是同派。總之，一表三千里，會做人的人，一同八千里，如白居易的「一夜鄉心五處同」，岳飛的「八千里路雲和月」，都是此中功用也。

今天的時代，已不完全是靠人脈關係就可以立足，更重要的是，要靠自己的實力；有人脈沒有實力，難以開展，即使沒有人脈，只要自己有實力，凡事還是能夠左右逢源，水到渠成。

《人間福報》二〇〇一年九月二十七日

清理垃圾

佛陀的弟子周利槃陀伽很笨，佛陀就教他念「拂塵掃垢」，從此以後他每天掃地時就不斷的念著「拂塵掃垢」。有一天，忽然心中生疑：「外面的塵垢要掃，內心的煩惱怎麼辦呢？」如此一想，心中的燈亮了起來，心裡澄明、淨化，周利槃陀伽也就因此開悟了。

現在的社會，家庭中的垃圾有清潔工來打掃；街道上的垃圾，有清道夫來清理。可惜每個人心中的垃圾，有沒有像周利槃陀伽一樣，想一想，如何清理呢？

其實，垃圾也不只是日常生活中的垃圾，有時我們自己也會成爲社會的垃圾，政治人物也會成爲政治界的垃圾，企業人士也會成爲經濟界的垃圾。所以政府一再說不要和黑道掛勾，不要和黑金掛勾，大概就是要清除垃圾吧！

社會上，有許多人不但不肯清除垃圾，自己成爲垃圾，甚至還製造垃圾，使社會有形無形的垃圾，滿坑滿谷，滿街滿家，到處都是垃圾。

一個人，口出穢言，這不是垃圾嗎？腦中的邪見，這不是垃圾嗎？欺騙、官僚、給人障礙、給人污染，這不都是社會的垃圾嗎？

我們每天刷牙漱口，就是清理口腔的垃圾；我們每天盥洗，就是清理身體的垃圾。身體髒了知道要清洗，心裡有了垃圾，爲何不懂得要清理呢？

所以，基督教徒用祈禱來清理垃圾；佛教徒用誦經、禮拜來清理垃圾。

社會上，有心人行善，修橋鋪路，主要的也是希望把心中因貪欲而積聚的垃圾減少一些。

說起來，世間最該淨化的就是人心，因爲世間上最骯髒的就是人。世間上很多東西原本不垢不淨，但就因爲人心的邪惡，人心的貪瞋，把整個社會也染污了。現在社會上的垃圾問題，成爲棘手而極待解決的社會問題；心中的垃圾不清理，不也是今日社會的嚴重問題嗎？

人喜歡隱藏垃圾，例如家中骯髒的東西都盡量堆積在角落裡，不讓人看到，就像人的毛病、壞習慣，也是盡量藏在心中不給人知道。但是垃圾在角落裡堆放日久，它會腐爛發臭，它會破壞環境，惹來左右鄰居的厭惡、排斥。所以聰明的人不要把垃圾擺在牆角，也不要把壞習慣藏在心中，不如搬出來用正當的方法給予分解、製造，成爲有益的肥料。垃圾雖然可厭、可怕，只要吾人用心，不也是可以資源回收，不也是可以廢物再利用嗎？

《人間福報》二〇〇一年九月二十八日

空間安排

空，是偉大的眞理，世間上萬萬千千的人，生活在「空」裡，但自己卻不知空的重要。一般人以爲「空」是沒有，實際上虛空才能容納萬物，沒有空間，我們存放在哪裡？杯子空了才能裝水，房子空了才能住人，五臟六腑有了空間我們才能生存；原來空是擁有的意思、是存在的意思，整個虛空之中因爲有「空間」才有絕妙的安排。高山、海洋、丘陵、平地，都把虛空點綴得多采多姿，其妙無比。在這虛空當中，你看花在開放、鳥在歌唱；江河的流動、人事的往來，把空間安排成爲一個美輪美奐的世界。

在虛空中，好像沒有籓籬、界限、阻隔。但飛機在空中有一定的航線，船隻在海洋裡也有一定的目標。陸地上的車輛，四面八方奔馳，都有一定的路線；都市中的大樓高入雲霄，藝術館裡的繪畫是宇宙的縮影，畫家、建築師、工程師都把世界安排的非常美妙。相反的，在這宇宙間也有破壞空間的人，例如戰爭，部隊爲了一場戰爭，在整個空間的布署，前線、後方、左側、右面，四方包掠、八面防備等，害得這空間大地飽受戰爭的蹂躪、人命屢受戰爭的摧殘；空間呀！你爲何給人造作這許多的罪惡呢？

一個都市的中心，從市中心發展出去，有的是長直的道路，有的是圓形的廣場，有的是曲直的公園，也有正式的商城……重重疊疊，疊疊重重。宮廷貴族、別墅洋房、小店、攤位，把都市的空間安排得非常實用。世界有世界的空間；都市有都市的空間；鄉村有鄉村的空間；家庭有家庭的空間。例如家中客廳的布置，其空間的使用，那裡放沙發、那裡掛一幅畫、那裡陳設物品；儘管空間大大小小，但是都有微妙的安排。

人體也有空間，一個人的身體上，眼、耳、鼻、舌、身，都要安排的均匀，不能錯亂，否則就不像人。

世間上的人，一般人爲金錢計較，總是計較錢的多少；中等的人爲時間計較，時間太長、時間太短；高等的人爲空間計較，這邊太大、那

邊太小；上等的人為道德計較，誰的人格道德高尚、誰的人格道德卑劣。

假如依此標準，國家與國家為了爭城掠地，為了空間不肯少讓；一般的民眾經常都要地政人員測量空間，卻不知空間是在我們的心中呀！過去有一個人為了建一道圍牆，與左鄰右舍起了衝突，於是他就寫信向在京城作官的父親投訴，那知父親從京城中回了封信寫道：「萬里投書只為牆，讓他三尺又何妨？萬里長城今猶在，不見當年秦始皇。」

《人間福報》二○○一年九月二十九日

養量

語云：「宰相肚裡能撐船！」一個人的事業成就大小，就看你的器量如何。你的器量不顧別人，只顧自己，只能養己；假如你的肚量能涵容全家，你就能做一家之長；你的肚量能包容一縣，就能做縣長，能包容一省，就能做省長，能包容一國，就能做國主。

包容一縣、一省的人，做不到縣長、省長，甚為可惜；能有肚量愛國愛民的人，也沒有適才適用，更為全民國家可惜。

歷史上，成功的帝王君主，並非他有三頭六臂、功力高人，而是他的肚量比人大也！肚量小的人不能容人，人又怎麼會容你呢？所以布袋和尚爲人歌頌「大肚能容，容卻人間多少事；笑口常開，笑盡天下古今愁。」

自古的學者都講究養能、養學、養氣、養德、養心、養量；按照做人處事，重要的是先要養量。

宋朝宰相富弼，處理事務時，無論大事小事，都要反覆思考，因爲太過小心謹慎，因此就有人批評他、攻擊他。

幕僚人員對富弼說：「有人在批評你！」

富弼一點也不在意，說：「一定是在批評別人。」

幕僚說：「報告宰相，他不是在批評別人，他是指名道姓的在批評你呀！」

富弼淡然回答道：「天下同名同姓者也很多。」

就是這樣的器量，他能不做宰相嗎？

人有一分器量，便有一分氣質；人有一分氣質，便多一分人緣；人有一份人緣，必多一份事業。雖說器量是天生的，但也可以在後天學習、培養。我們閱讀歷史，多少的名人聖賢，有時不讚其功業，而讚其器量。所以器量對人生的功名事業，至關重要！

如何「養量」？

一、平時凡是小事，不要太和人計較，要經常原諒別人的過失，但是大事也不要糊塗，要有是非觀念。

二、不爲不如意事所累；不如意事來臨時，能泰然處之，不爲所累，器量自可養大。

三、受人譏諷惡罵，要自我檢討，不要反擊對方，器量自然日夜增長。

四、學習吃虧，便宜先給別人，久而久之，從吃虧中就會增加自己的器量。

五、見人一善，要忘其百非。只看見別人缺點而不見別人的優點，無法養成器量。

經云：心包太虛，量周沙界。你能把虛空宇宙都包容在心中，那麼你的心量自然就能如同虛空一樣的廣大。有一打油詩云：「占便宜處失便宜，喫得虧時天自知；但把此心存正直，不愁一世被人欺。」

有量的人，必定是不會吃虧的啊！

《人間福報》二〇〇一年九月三十日

送禮

送禮，裡面有非常大的學問。

禮尚往來，這是朋友之間良好的互動。送禮重在心真意誠，所謂「千里送鵝毛，禮輕情意重」。但是有的人不依此良好的遊戲規則，你送的禮太貴重，例如送洋房、汽車，讓接受者不自在、不安心，甚至不敢接受，最後傷了朋友的感情。也有的人送的禮不合適，例如一個小客廳，你送他一套大沙發；我生了一個小女兒，你送我一套西裝，這種不得當的送禮，都叫人不知如何是好。

過去一般人到醫院探病，習慣送花，但花朵會有花粉症；有人送食品，但現在民生物資豐富，送食品往往造成受者的困擾。更有甚者，現在的一些青少年有送槍枝、嗎啡等非法物品者，都是不當的禮物。

此外，不當的送禮，諸如：送女兒，造成童養媳的悲劇；送盆栽，造成照顧上的負擔；送衣服，不適穿造成浪費；鄉下人送雞鴨豬羊，都市人不知如何安置。

現在有的父母送大哥大給兒女，兒女成天沒事利用大哥大找朋友聊天，以致荒廢學業；現在有的政要利用權勢，提供公職機會給人，對方則以金錢回報，形成貪污，敗壞風紀。

現在的商界，爲了促銷商品，推出買一送一；許多人貪小便宜，結果買到劣級品，所謂「偷雞不著蝕把米」，眞是因小失大，得不償失。

送禮是表示友誼，是表示關心，是表示尊敬，是表示感激。但是，送禮重在歡喜，送禮重在適當。例如現在西方國家的生日卡片，婚禮的祝福賀函，或是送一本書、一個紀念品，一張禮券等，都是得體的禮物。

有的人送禮，因爲想要貪圖別人的回饋，形成賄賂，結果難以逆料。送禮要送給人家好意，送給人家關懷，送給人家好話，送給人家鼓勵；要送人技術，送人佛法，送人智慧。就如《普門品》中，無盡意菩薩要送觀世音菩薩智慧，他以爲觀世音菩薩有了慈悲，想要供養智慧；但是觀世音菩薩悲智具足，所以他把無盡意菩薩的好意轉送給佛陀，讓無盡的眞理分享大眾。

所以，傳播某人的好話就是送禮，讚譽別人的美德就是送禮；我們給人一點助緣，就是送禮，給人意見也是送禮。因此，送禮不一定是物質的，有時是精神上的，有時是佛法的，有時是義理的，尤其心香一瓣，更是無上的好禮。送禮，今後實在應該重新估定它的價值。

《人間福報》二〇〇一年十月一日

生命學

生命是一門艱深難懂的學問，儘管人類的知識愈來愈豐富，但是生命的奧妙知多少？生命究竟有多大？生命究竟能活多久？生命究竟是什麼顏色？生命的本質是什麼？很難有人能透徹的認識清楚。

其實，從佛教的緣起法來看，生命是延續性的，生命是有傳承的，生命是有程序的，生命也是會變化的。例如六道輪回就是變化；又如低等的動植物慢慢發展成高等的動植物，甚至高等的動植物也會慢慢退化爲低等的動植物，這就是變化。

在佛教裡，常常會問：「生從何來？死往何去？」或問「先有雞，還是先有蛋？」尤其現在科學發達，更衍生出許多新的問題，例如：

1. 生命可以複製嗎？
2. 冷凍屍體，幾十年後解凍，能復活嗎？
3. 解剖小動物從事醫學研究，可以嗎？
4. 使用農藥殺蟑滅鼠，可以嗎？
5. 得了絕症，可以自己結束生命嗎？這也是自殺嗎？
6. 家屬可以決定讓病人安樂死嗎？
7. 聖者與江洋大盜的基因有何不同？
8. 蚯蚓斷成兩截，頭尾都在動，生命究竟在那一邊？
9. 中陰身是什麼？
10. 人往生了以後去那裡？

11. 人往生後一定會變成鬼嗎？

12. 何以一期一期無限的生命會有隔陰之迷？

13. 涅槃的生命是什麼？

14. 佛陀、孔子、耶穌、穆罕默德等聖者住在那裡？假如有生命，他們的身高多少？他們吃什麼？用什麼？如何生活？

說到生命，其實現在的生命學家也不要光只是研究人類的生命，例如地質學家研究地殼變化，天文學家研究宇宙星辰，氣象學家研究大氣

層，生物學家研究動植物，微生物學家研究細胞分裂，考古學家研究古今淵源，歷史學家研究人文發展等。

生命儘管深奧難懂，分析起來不外乎「生」與「死」兩個課題。佛教非常正視生死問題，佛教其實就是一門生死學，例如觀世音菩薩「救苦救難」，就是解決生的問題；阿彌陀佛「接引往生」，就是解決死的問題。學佛的最終目的就是要了生脫死，因此如何把握今生，不再受生死輪回，這也正是研究「生命學」的人所應該正視的主要課題。

《人間福報》二○○一年十月二日

舉重若輕

一個人，如果他的力量只能挑六十公斤，你給他挑八十公斤，他就會感到很吃力；有的人，雄心萬丈、叱吒風雲、呼風喚雨，你給他重任，他舉重若輕，不覺負擔。

有的人，一個丈夫養不起一個妻子，覺得家庭負擔太重；但也有的人爲國爲民，舉國上下，全民都受到他的庇蔭，他卻舉重若輕。有的人有智慧可以解決問題，他就舉重若輕；有的人以身示範，他也感到凡事舉重若輕。

所謂舉重若輕，就是有的人在社會上有了聲望，聲望幫他做事，當然舉重若輕；有的人有了信譽，信譽幫他做事，當然舉重若輕；有的人有了人緣，人緣幫他做事，當然舉重若輕；有的人熟能生巧，他也能舉重若輕；有的人根基厚實，所以做起事來舉重若輕。

有的人經過磨鍊，所謂「天將降大任於斯人也，必先苦其心志，勞其筋骨，餓其體膚，空乏其身，行弗亂其所爲，所以動心忍性，增益其所不能。」當然能舉重若輕。有的人怕人家沾光，怕人家分享，點滴不肯與人分享，沒有外力、助緣，雖輕猶重。

唐堯虞舜，三皇五帝，他們公天下，爲民無私，所以治國教民舉重若輕；周公旦幫助武王富國強邦，他也是沒有權利私欲，所以能舉重若輕。歷代的聖君能相，只要有「公天下」之心，所謂「民之所欲，常在我心」，自然能舉重若輕。

二次大戰時，歐洲統帥艾森豪統領數百萬大軍，關係到世界的安定，人問其忙得過來否？他說：我不忙，我只是領導海陸空三個人而已。能夠分層負責，所以舉重若輕。

晉朝謝安，在與人奕棋時，收到姪兒謝玄從陣前傳來的捷報，他一點也不露聲色，繼續下棋。他能安然處事，舉重若輕，所以能指揮大軍，贏得淝水之戰的大勝利；如果他慌亂無章，就無法取得勝利。

舉重若輕，在於平時的涵養實力，有能力，自然舉重若輕。

《人間福報》二〇〇一年十月三日

眼不見為淨

漢武帝有一天與寵臣壽王和東方朔談及有關什麼東西最乾淨的問題。漢武帝問：「世上以何爲淨？」

壽王道：「世間上的萬事萬物，均以水而得潔淨。東西髒了，經過水洗就得潔淨；身體污穢了，用水沖洗也能塵垢盡除。」

東方朔聽後不以爲然，反問道：「假如有人把尿液滲入酒裡，請問如何以水爲淨呢？」

漢武帝聽後深覺有理，再問東方朔：「依你之見，以何爲淨呢？」

東方朔答道：「臣以爲『眼不見爲淨』。」

漢武帝再問：「眼不見爲淨，那世上又以何物最爲污濁呢？」

東方朔回答說：「那只在於見與不見的分別吧了！」

佛教不認爲娑婆世界有清淨的東西，佛教認爲這個世界「刼濁」、「見濁」、「煩惱濁」、「眾生濁」、「命濁」，可以說無有不濁。

所謂刼濁，時間無常；見濁，思想執著；煩惱濁，貪瞋愚癡嫉妒；眾生濁，五趣雜居；命濁，生命由父母不淨而來。

世間如果要找出眞正的清淨，唯心耳！但是心也有淨與不淨，如《維摩經》說：「隨其心淨則國土淨」。所謂「淨」，完全是業力上的分別，狗子以大便爲美食，禿鷹以臭肉爲佳餚，眾生相互殘殺，五臟六腑，甚至羽毛骨頭盡皆吃入肚中，吾人看之，是淨是不淨？

吃飯的碗盤要用高溫殺菌，醫療儀器也要經過各種蒸氣消毒；但是碗與蒸筒本身，即使沒有微生菌的寄附，它的本質難道不也是從染污中來的嗎？

語云：「耳不聽，心不煩；眼不見，嘴不饞。」沒有看到廚師做菜，當然佳餚便美；沒有看到師傅手搓麵糰，當然麵包好吃；XO或白蘭地都是用腳踐踏米麥以助發酵製成。千嬌百媚的女郎，不也都是帶肉的骷髏；英俊瀟洒的俠士，也不過是臭皮囊爾！

眼耳本來就是不淨之物；以不淨之物聞聲視物，何能變為清淨呢？所以世間的清淨，唯有用善心、美心、真心、慈心去分別，萬事萬物才得隨吾心所轉、所變，而得清淨耳。即使腐屍臭肉難聞，我以慈眼觀之，我以悲心愍之，則死屍亦淨也。你窮兇惡極之聲，你刀兵殘殺之聲，我用好意聽之，我以善心憐之，則刀槍殘殺又有何不善乎。

所以吾人在世間，周遭是一個五濁惡世，要吾人用淨心去化導，才得清淨。聞謗言，則覺為我消業；見垢穢，則想美食也。唯識家所謂八識轉智，吾人以自己的真心、善心、美心、淨心來轉化世間，這世間又有何不淨呢？

《人間福報》二〇〇一年十月四日

高效益

現代人無論做什麼事，都講究「高效益」；高效益就是在時間上別人要花一年時間才能完成的事，我只要三個月就能看到成效；別人要花一百萬元才能見到效果的事情，我只要十萬元就有了效益。

現代的社會，例如政治上的一個政策要召告全民，就要考慮到這個召告政策的效益；工商裡的一些生產計劃，我要能花很少的成本，得到很高的效益。所以現在農夫有種植的效益，經濟有成長的效益，乃至教育有教育的效益，布施有布施的效益，語言有語言的效益，微笑有微笑的效益，助人有助人的效益；效益是因果的自然之理，種了什麼因，就會結什麼果，這是必然的效益。你的智慧有智慧的效益，慈悲有慈悲的效益，沒有效益，沒有成果，誰願意去從事呢？所以講究效益終不會吃虧。

現在的建設，可以用設備來代替人力，這就是講究效益；現在用電機代替人工，這就是增加效益。農業生產使用機械、肥料，就是提高效益；工業建設減輕預算成本，就是提高效益。

美國因其領土幅員遼闊，爲了集中載客，航空公司利用飛機把各城鎮的旅客集中到達拉斯，由達拉斯再把旅客載送到世界各國，免得飛機要飛遍美國各城鎮，這就是提高他的效益。

荷蘭的鬱金香聞名世界，不但國內有花圃供遊客觀賞收費，同時利用飛機運往世界各地銷售，如此一來，就可以賺取雙倍的價錢，也可以替國家爭取外匯，這就是提升他的效益。

一粒種子能生產百千的果實，一個標誌能引動無限的商機，所以俗話說，吃用不會令人貧窮，只有不懂得提高效益的人，才會貧窮。

一位哲學家分別給了兩個學生一筆錢，看誰能花最少的錢，買回最多的東西把整間房屋充滿。

甲以一半的錢買回了一屋子的乾草，自感得意；乙只花三分之一的錢買了一支蠟燭，黑暗的屋子立刻變得明亮起來，這個學生對哲學家說：「先生，我已經把大廳充滿了。」

有智慧的人做事，往往能獲得高效益，所以智慧就是財富，由此可以明證。

《人間福報》二〇〇一年十月五日

生命的春天

世間上最可貴的就是生命，最殘忍的就是殺生。

生命依其過去善惡業因所感得的果報正體，有天上飛的，有水中游的，有陸上爬的，有山中走的；也有的生命是兩棲，或是多棲，乃至無足、兩足、多足等類別。

在各種生命當中，有的生命是獨立的，有的生命是共生的，也有的生命是寄生的。甚至有的生命是有形的，有的生命是無形的，例如靈界的眾生，鬼魂神仙是無形的；有的生命是會動的，有的生命是不動的，例如桌椅、花草樹木是不動的。

所謂生命，都是在時間之流，甚至在空間之流、在情愛之流中。世間上，有的生命爲了維持自己的生存，不惜侵犯他人的生命來供己所需，例如大魚吃小魚；有的生命則以一己之力量，換取萬千大眾的富樂，例如古今中外的賢臣良將，乃至一些服務人群的宗教師等。

但是同樣是人，也有的人憑一己之權勢，犧牲眾人的生命來滿足他的欲望；有的人則是犧牲自己萬千的榮華富貴，只爲維護世界的和平，跟萬千的生命共同存在。有的人用自己的生命完成自己的事業，所謂「立德、立功、立言」；有的人用自己的生命，維護國家大眾的生存，讓國家興隆、人民富樂。

好人的生命，都會受到大家的祝福，希望他長命百歲；壞人的生命則是人人詛咒：怎麼還不死！生命，總要展現出多采多姿，要有意義、有價值。生命的價值，是以一己之生命，帶動無限生命的奮起、活躍。

英國的柏克說：「生命在閃光中見出燦爛，在平凡中見出眞實。」宇宙之中，青山綠水、花開花謝，都有生命。有的人用美的藝術、用音樂的聲音、用建築的力學，甚至科學家用他的發明來展現生命。

生命的價值就是愛，生命的意義就是惜，例如一件衣服，一張桌椅、一台冷氣機、一輛汽車，你好好的愛惜它，不隨便破壞，讓它多使

用幾年，就是延續它的生命。

大自然裡到處都有生命，所謂「三界唯心，萬法唯識」，例如時辰鐘表，我用心、用智慧去製造它；如果沒有我的心智，如何能成？所以時鐘裡有我的生命存在。一棟房屋，因爲我的設計、監工才能成就，房屋中就有我的生命存在。甚至你認爲花草樹木沒有生命嗎？你對花草樹木歌唱、讚美，花草樹木就會開得更鮮豔；如果你責罵它，它就會黯然失色。所以《佛光菜根譚》說：「春天不是季節，而是內心；生命不是軀體，而是心性。」當你把生命融入到大化之流中，宇宙大化都會跟著你起舞、跳動，是則何時不是生命的春天呢？

《人間福報》二〇〇一年十月六日

噪音

這是一個有動作、有聲音、有色彩的社會；凡是有聲音的人，都能得到多利。

開會要發言，需要有聲音；跟人來往表達意見，要有聲音。讀書，書聲朗朗，容易記憶；在群眾之中高歌一曲，自能獲得人緣；即使面對山谷，也要發出聲音才有回應。

佛法以音聲做佛事，所謂「此方眞教體，清淨在音聞」；因爲有「如是我聞」，才有三藏十二部的佛法留傳後世。所以《普門品》說：「妙音觀世音，梵音海潮音，勝彼世間音。」這個世界需要有聲音，尤其是歡喜的聲音，智慧的聲音，利人的聲音，讚美的聲音。

但是，好的聲音固然很好，有時候開會時，別人在發言，自己在私下竊竊私語；講演的時候，台上在賣力的講，下面也在喋喋不休。當別人在講話時，你用噪音參雜其中；在一個靜靜的場合，你加入噪音破壞它，正如火車鳴叫，又似豬狗吠叫，惹人討厭。

現代的科技發達，人手一支大哥大，走到那裡，手機的聲音常常成爲干擾會場的噪音。此外，汽車的喇叭聲，兒童的啼哭聲等等；甚至現在的社會，大家缺乏道德勇氣，缺乏維護公理正義的勇氣，任一些不道德、不正派的邪惡之聲充塞社會。

「輕聲是文明的象徵」；從人民講話的聲音大小，可以看出一個國家的文明。一個已開發的國家，人民的往來講話都是輕聲慢語；一個文明未開發的暴發户國家，雖然國民所得不低，但是對聲音不節制，從音量就可以聽出這個國家的人民水平如何！

一個社區，如果左右鄰里噪音太多、太大，有辦法的人都會紛紛搬離；無論男女，到了大庭廣眾，狂笑大聲、失態無儀，自然不得人歡喜。聲音代表教養，有教養的人對聲音的高低、快慢、大小、內容都能控制得宜；一個機關中，辦公室如果非常寧靜安詳，工作效率一定能提高，如果像菜市場一樣，工作的成效一定不彰。

世間上最好聽的聲音是讚美，世間上最難聽的聲音是噪音，世間上

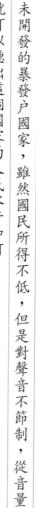

最耐聽的聲音則是無聲。菜市場的水準都是比大聲，高尚的地方則是比無聲。交響樂、搖滾樂、爵士樂等熱門音樂，只限於階段性的年青人熱衷，如果老成持重，學養豐富的人，大都喜愛古典音樂。

言爲心聲，心中所想，從語言中可以聽得出心聲，從聲音中可以看得出一個人的品格。你希望別人覺得你是一個有內涵、有教養的人嗎？那就從輕聲慢語開始，千萬不要讓自己成爲一部製造噪音的機器喔！

《人間福報》二〇〇一年十月七日

世界公民

每一個人都有國家，理所當然成爲這個國家的國民。現在也有的人離開祖國，失去本國的國籍，但是到了另一個國家又不被承認，到最後成爲無國籍的人民。無國籍的人很痛苦，不但凡事都得不到保障，甚至連旅行都被限制。

現在也有一些人從這個國家到另一個國家，擁有雙重國籍，甚至多重國籍。當然，也有的人忠於自己的國家，在外國服務多年，始終不入籍別的國家，不願成爲外國公民，一心忠於自己的國家，終身不做二國公民。

其實，天下一家，民族之間不該狹義的分成你和我，人與人要交通，國與國之間要交流，所以這個世界如果有人願意做「世界公民」，也未嘗不好。

世界公民的產生，首先要發給他世界的護照，讓他可以在世界上到處爲家，去來自由，如同佛國世界的人民互相來往。現在有人要到月球去買土地，想當月球的公民。在此之前，不妨在地球上發行世界公民護照。

世界公民護照如何發行呢？可以比照人口，比照人民的意願，先發動世界上一千萬人當世界公民。當了「世界公民」的人民，不可以分地域、種族，不能有你我的狹隘觀念，要有弘願爲世界的福祉與和平而貢獻。

世界公民每年要自我成長、表現，每經過五年、十年後考試一次，如果沒有爲全民福祉而努力的人，就取消他的資格。反之，眞正實踐公民理念的人，繼續再去影響別人，如此由一千萬、一億、十億……，直至全世界的人民都成爲世界公民，那就是一個大同世界的呈現了。

成爲世界公民的人，可以優先到處訪問，不管走到那裡，在交通、食宿方面都能得到很好的照顧，充分享有各種優厚待遇；但是相對的，他對世界的苦難也要有多一份的關心。因爲世界其實本是一家，大家都是兄弟姊妹，所以現在在台灣，學校與學校、醫院與醫院合併，銀行與銀行、航空公司與航空空司聯營等。甚至國家與國家之間，經濟上有WTO（世界貿易組織），政治上有聯合國，有聯邦、邦聯等體制，運動方面也有奧運聯盟，乃至有紅十字會的世界救援組織等。

所以，不管從那個層面來看，其實大家都有共同的希望與願景，何不讓我們從地區、國家，擴而大之到世界一家，成爲「世界公民」呢?希望具有世界威望的政治領袖們都能出來呼籲，讓我們都能榮幸的成爲「世界公民」吧！

《人間福報》二〇〇一年十月八日

找到了

當你遺失了東西，忽然在某處發現了，大叫一聲「找到了」，其歡喜眞是難以言傳；失散多年的兒童，忽然在芸芸眾生中「找到了」，更是歡喜無量。

其實，我們一生中所遺失的東西眞是何其多，又何嘗全部都能找到？例如遺失了的眞心，那裡容易就能找到？我們遺失了黃金美鈔，一定焦急萬分，但我們遺失了比黃金美鈔更重要的眞心本性，一直找尋不到，爲什麼不著急呢？

我們忘失了的信心，我們有找到嗎？我們被人踐踏拋棄的尊嚴，我們有找到嗎？我們隱藏在內心的慈悲有找到嗎？因爲曾經失落了的東西不容易尋找，就好像在各大報章雜誌上看到「尋人啓示」、「失物招領」，找不到自己重要的隨身寶，怎不叫人著急呀！

晉文公失去了恩人介之推，他不惜燒山，希望能找到恩人；劉玄德三顧隆中，也希望找到一個賢能的人才輔佐爲用。有的人爲了找尋一份名單，一件族譜，花財費時；有的人爲了找一塊吉地建房子，爲了建一棟適合心意居住的房子，不惜花費巨資，多方尋找。

採藥的人，翻山越嶺，爲了找尋他救人救世的一株藥草；採寶的人，不惜用盡家財，爲了發掘寶藏的地方。大家費盡各種力氣，都希望能在人間擁有「我找到了」的那一份歡喜。

在圖書館裡查尋資料，一旦找到了，歡喜無量；在機關裡查尋多年前的檔案，能一下子就找到了，無比興奮。我找到了鑰匙，我就可以回家；我找到了碗筷，我便可以吃飯。

迷路了，要向人問路才能找到方向；生病了，要問醫生才能得到醫療。迷惘的時候，要問道，才能找到道理；苦悶的時候，找到了嘉言，才不會苦惱。在佛門裡，爲了找到眞心，有的用禮拜，希望有一天能認識自己的本來面目；有的用禪坐，反觀自性，希望有一天能得到一點消息。有的花數十年的歲月，在佛經裡探討；有的人花一生的時間，在佛號裡尋找。有的人踏破鐵鞋無覓處，有的人得來全不費工夫。有的人在生死之間找到了自己的本性；有的人從人我是非煩惱中找到了眞如。

你看，楊柳綠了，桃花紅了，蝴蝶翩翩起舞，百鳥鳴叫；如果是一個禪者，可能當下就找到了。希望人人都是禪者，都能找到自己的寶藏。

《人間福報》二〇〇一年十月九日

莫存定見

吾人要有自己的主張，要有自己的定見，但是主張不能成為執著，定見不能成為愚癡。

吾人的定見、主張，都要隨時節因緣來論斷，不是一意孤行的執著。你認為不會有颱風，但颱風來了，你還要定見嗎？你執意某人當選，但開票以後落選了，你還要執著嗎？

諸佛菩薩他們度眾生有沒有主張，有沒有定見？當然有主張，當然有定見。但是諸佛菩薩的主張、定見，是從觀因緣、觀三世、觀十方、觀眾生的種種性、種種心，然後才說出他的主張，說出他的定見，你能嗎？

所以，吾人對世間的一切事、一切人，可以用世間的常理來認定，但有時常理也並不究竟，還需要從多方面去探究，才能得到一個眞理。

科學家發明創造一個產品，他也要一次試驗、二次試驗，甚至幾十次的試驗；一切企業家要制訂一個方案，也要一次會議、二次會議，經過多次會議才能確定方案。政治家對於施政、財經等問題，雖有目標，雖有方案，但也要不斷的探討，不斷的修改，而後才能施行。

地方上發起興建一座橋樑，有人提議向一位大富人家勸募。當中有個村民說：那一個富翁爲人慳吝不捨，過去多少次請他樂捐行善，他都不肯，實在是一個爲富不仁的小人。另一人說：人總會改變的，過去要他鋪路、鑿井，或者他沒有興趣，現在造橋，意義不一樣，也許他肯共襄盛舉，我們不妨試試。大家聽後仍然不表樂觀，這人只有自告奮勇的說：我去試一試就知道了。當富翁聽完造橋對地方的重要後，欣然同意，答應獨力負起所有的費用。

所以，我們不應把一個人看成定型，好的不一定眞好，壞的也不一定眞壞，在無限時空中，因緣都會變化的。吾人有主張、有定見還可，但千萬不能有成見。聽得見多方聲音的君主，可以成爲明君；聽不見他人意見的人，便成爲獨裁的匹夫。

現在的民主政治，從里民大會到鄉民代表會、縣議會、立法院、國務會議，要經過多少層次的會議商討，要以眾意爲見。眾意者，即因緣也，把各種的因緣會合在一起，所謂有民意才能立足，有因緣才能契合眞理。

因此，凡能隨時、隨地、隨人、隨理，最後能隨順因緣者，則諸事無有不成也。

《人間福報》二〇〇一年十月十日

床頭書

凡是好讀書的人，都習慣的在床頭上擺有「床頭書」。從床頭書就可以知道一個人的性格與興趣。他喜歡什麼，他的床頭書一定就會有幾本他喜歡的作品。

怎麼選擇床頭書呢？床頭書不要選大部頭的書，太重，捧讀起來很吃力；床頭書也不要選長篇的，容易失眠。最好是選擇古典的，古典書籍看起來很費神，看過就睡著了。你也可以選擇語言的，因爲不太通達，所以很容易入睡。你也可以選擇一些輕鬆的小品文，縱使沒有睡意，看了不費神。最好是選看智慧語錄或富含哲理的教言，看過以後在睡夢中加以思惟、回憶，可以增長知識，開闊思想。

床頭書可以培養看書習慣，藉著看書減少雜念，訓練思惟，改變氣質，而且有益健康。從床頭書讓人聯想到，有的人喜歡買書當作裝飾品，家中總有幾套大部頭的書擺在書櫃裡，表示自己是書香世家，所以現在在台灣大藏經一賣幾百部、幾千部，但是當中能有幾十人去看它就已經很不容易了。

有人買書不看書，但也有人不買書，卻勤於上圖書館看書，甚至現在的書局大都很人性化的備有椅子，以供買書的人可以坐著慢慢選看，這都有助於鼓勵全民養成買書、看書的好習慣。

床頭書一般而言，是最貼近心靈的精神讀物，所以要慎重選擇。現在一些不正當的黃色雜誌、八卦新聞等，都不適合當作床頭書，因爲這種書報雜誌會腐蝕人心，對思想、靈魂沒有幫助。所以這類的書籍不但不能成爲床頭書，甚至連廁所都不宜置放。

現在一般人家中大都設有書房，至少也有專門讀書、寫字的書桌。床頭書顧名思義就是擺在臥室裡的床頭櫃，臥房既不是閱讀大書、研究學問的地方，也不能當作消遣、休閒之用。床頭書只是用來安心養性，可以增加知識，可以複習，加強記憶，但不宜太長、太大，以免影響睡眠。例如現在香海文化公司出版的《祈願文》，以及本報的《佛光菜根譚》、《迷悟之間》，都可以提供大家當作床頭書。

床頭書是用來補助睡眠，是休息的，但不能成爲習慣。現在一些青少年一看書就往床上一趴，到最後反而分不清是精進還是懶惰。尤其躺在床上看書，造成姿勢不良，同時影響視力，因此家中的燈光、寢具也不能不做整體的規劃。

床頭書究竟是有益呢？還是有害呢？就看你對床頭書如何規劃、運用了。

《人間福報》二〇〇一年十月十一日

加減人生

台語有一句話叫做「加加減減」，就是「加減人生」的意思。

人生有時候是一帆風順，所謂情場得意、商場滿意、官場快意、所求如意，這都是「加」的人生；有時候事業上的失意，人情上的恨意，生活上的無意，朋友間的歉意，這都叫「減」的人生。人生本來就像潮水一樣，起起落落，有高潮有低潮，這就是「加加減減」的人生。

語云：「得意時須防失意，失意後可能就會得意。」所以得失之間、加減之中，都不是定型的。有時候春風得意，有時候要謹防秋風的寒意，但是不管處在什麼時候，應該具備憂患意識。

佛法講「無常」，無常就是不會永得，也不會永失；人生不會都是加的，也不會都是減的。加加減減，得失之間，就看誰的智慧，誰的耐力，誰的決斷，誰的巧妙，以爭取得多失少、加多減少的人生。

無常不是不好，加減和得失的人生，正是人生的意義。家庭裡，有時候弄璋弄瓦、添丁進財；家庭裡，也有老病死亡、衰微短缺，這都是人間自然的發展。

「加」固然歡喜，「減」何必太過憂悲煩惱，應該要鼓起勇氣，強化毅力，接受失敗減弱的教訓，何必計較一時的得失？甚至處在「減」的人生時，想到還有明天「加」的日子，還有「加」的未來，人生就不會絕望。

世事可以打敗一個無勇氣、無耐力的人；但是能有正見的認識、有正思的勇敢，「加」的功成名就，不也是人人可期的嗎！「加」當然可以無限的擴大，「減」最多就是零；從零開始不就是未來無限的希望嗎？

一幅高價的藝術畫作，對於各種顏色濃淡，它要加加減減；一盆美麗的插花藝術，也要加加減減，才能成爲圓滿的傑作。頭髮太長了，要剪短；指甲太長了，也要修剪；樹木花草太擁擠，也要給它減少。今日的修剪、減少，就是明日的茂盛。

當秋冬來臨的時候，風雪吹落殘枝敗葉，不必失望，它正在醞釀著明年的成長；颱風、地震毀損了多少的房屋，犧牲了多少的人命，這固然不好，但是新的居家，新生的力量，不就是從挫敗中再進步的嗎？沒有破壞，就沒有建設；沒有減，也就沒有加。生活裡的喜怒哀樂，都有加加減減，承認加減人生，就是懂得眞正人生的意味。所以加加減減，其實就是人生的眞理。

《人間福報》二〇〇一年十月十二日

廁所文化

廁所是現代人生活中不可或缺的建築設備，廁所有很多不同的名稱，例如古稱「茅房」，台語叫做「便所」，現代人又稱爲「洗手間」、「盥洗室」、「化妝室」，佛教則名之曰「淨房」。越是骯髒的地方，越要注重清潔，越要起個好聽的名字。

廁所是大小便的地方，大便又叫大號、抽解；小便又叫小號、小解、小淨，甚至現代人又把小便說爲「唱歌」。

在佛教裡非常重視上淨房（廁所），在《華嚴經》裡有許多大小便的偈語，如：「大小便時，當願眾生，棄貪瞋癡，蠲除罪法。」「事訖就水，當願眾生，出世法中，速疾而往。」「以水盥掌，當願眾生，得清淨手，受持佛法。」

盥洗室在吾人日常生活中扮演著極重要的角色，我們每個人一天當中都要向它報到好幾回。從早晨起床刷牙、洗臉、大小解，都要在盥洗室裡完成；到了晚上就寢，甚至睡覺以後，半夜還要起來報到二、三次。此外，外出辦事，有時會客之前，先要到化妝室整理一下儀容，才能出場應對，所以化妝室對我們的人生非常的重要。

現代文明國家都非常重視公共場所的化妝室，甚至有一些國家還明文規定，合格的餐館、飯店等營業場所，廁所裡面要有肥皂、衛生紙、擦手紙、鏡子等設備齊全。而且不只提供大人使用，還有小孩換尿布的專用區；不只提供健康人使用，還有殘障專用室，如果沒有殘障設施，

就不准對外公開營業。

文明國家的人民，上公共廁所也都很講究教養，不但按先來後到，依序排隊，上完廁所後，也都會隨手整理乾淨，給後來者一個舒適的空間。反觀一些文化不高的國家，公共廁所大都髒臭、雜亂不堪。

廁所的演進，也可以看出人類文明的進步。從過去鄉村的馬桶、露天竹籬笆的茅坑，到今日高級的化妝間。甚至現在有些五星級飯店，化妝室內不但有梳妝台、鏡子、沐浴乳、面霜、香水、衛生紙、擦手紙，有的還會擺上一套沙發，插上一盆花，牆壁還會掛上幾幅畫，簡直比一般人家的客廳還更豪華。

甚至爲了提高廁所文化，現在不但上餐館要錢，上廁所也要付費。尤其歐洲的廁所不但有洗臉盆，大小便後還有洗屁股的設備，聽起來雖然不雅，但對人體的健康大有助益，因爲越是骯髒的地方，越要清淨。人的面孔，眼耳鼻口等七孔固然要乾淨，凡有排洩物的地方，也都要保持潔淨乾爽。

過去公共廁所內，經常可見到一些文人雅士在裡面題詩一首，甚至不滿社會的反抗言論，也會在廁所裡面出現，廁所儼然成爲大眾的論壇園地。今日社會隨著經濟提升，廁所也不單只是重視四周的寬廣；公廁的整齊、清潔，更是社會進步的象徵，所以尤其忽視不得。

《人間福報》二〇〇一年十月十三日

道氣與俗氣

有人說：道德可以四兩充半斤，學問則是有多少是多少，一點也假裝不得。其實，一個人儘管外表可以裝得「道貌岸然」，但是內在所散發出來的氣質，是道氣是俗氣，明眼人一看立即就能見分曉。

所謂道氣與俗氣，什麼叫道氣？什麼叫俗氣？

道氣就是一個人有修養，有內涵，有風度。遇事不輕易發怒，不輕易有動作，平時心平氣和、與人爲善、助人爲樂、待人如己。不但性情冷靜沉穩，不意氣用事，不憤怒不平，不瞋恨嫉妒，不怨恨責怪，不貪瞋諂曲，而且時時保持氣定神閒，平心靜氣，平易近人，雍容華貴，威儀莊重。

俗氣的人，出言吐語都是是非好壞，說話都是金錢享樂，做人油腔滑調、油頭粉面；平時裝扮，花紅柳綠、招蜂引蝶，貪戀名位，重視享樂，愛好聲色，吹牛拍馬，屈膝諂媚。

有道氣的人，他學習吃虧，他重視忍耐，他寬大胸懷，他重視修持，他長養信心。相對於有道氣的人，有的人喜歡占人便宜，常因小事即大發雷霆，不但脾氣暴躁，心胸狹窄，患得患失，喜怒無常，而且心性多疑，容易沮喪，這種人給人的感覺，就是俗氣十足。

釋迦牟尼佛初成道時，有一天在恆河邊行走，耶舍長者子一見，就覺得這是一個有道氣的聖者。玄奘大師從小生來就有一股與眾不同的氣質，他不與一般兒童嬉戲；及長，不談金錢財富，不說人間是非，所以多少大德高僧都認爲他很有道氣。

現在的修行者，誰有道氣，誰無道氣，很容易就能分別明了；只是現在社會大眾已不太計較道氣與俗氣，一概都沒有那麼重要。

不過，有道氣的人還是很自然就會令人心生仰慕。我們看到弘一大師的肖像，那一股飄然的道氣，油然從心底生起；我們看到虛雲長老的披風手杖，一股欣道之氣充滿身心。

一個人寧可沒有金錢，但不能沒有人緣；寧可沒有工作，但不能沒有信心；寧可沒有被人看重，但是不能沒有尊嚴；寧可沒有功名利祿，但是不能沒有道氣風範。

道氣與俗氣，你是否留意過，你自己身上所散發出來的是道氣呢？還是俗氣呢？

《人間福報》二〇〇一年十月十四日

生命的流轉

基督教說：「信上帝得永生。」但是佛教認為，信仰佛教並非就沒有生死問題，而是要人勘破生死！生死是再自然不過的事，即使是佛陀，也要「有緣佛出世，無緣佛入滅；來為眾生來，去為眾生去！」

生和死如影隨形，生了要死，死了再生；生生死死，死死生生，生死不已。到底「生從何處來，死歸何處去？」對於這個問題，一般人並不了解。

根據佛教的「十二因緣」說：有情眾生由於累劫的「無明」煩惱，造作各種「行」為，因此產生業「識」。隨著阿賴耶識在母體子宮裡漸漸孕育成生命體，是爲「名色」；名是生命體的精神部分，色則指物質部分。數月之後，生命體的眼、耳、鼻、舌、身、意六根成熟，稱爲「六入」；胎兒脫離母體後漸漸開始接「觸」外境，並對外界的苦樂感「受」產生「愛」與不愛，進而有了執「取」所愛的行動，結果由於身、口、意行爲的造作，又種下了後「有」的生命體，有了「生」終將難免「老死」，「死」又是另一期生命的開始。所以佛教說：生命的流轉，是無始無終的「生死輪回」。

生死循環，本來就是自然的道理，如宗衍禪師說：「人之生滅，如水一滴，漚生漚滅，復歸於水。」道楷禪師示寂時更說得好：「吾年七十六，世緣今已足，生不愛天堂，死不怕地獄，撒手橫身三界外，騰騰任運何拘束？」禪者生死，有先祭而滅，有坐立而亡，有入水唱歌而去，有上山掘地自埋等等，無比灑脫。

眾生的生死決定於業力，解脫的聖者則依願力成就生命。然而掌握生死，還不足為奇，吾人真正要超越的是念頭的生死。禪宗有一偈說：「打得念頭死，許汝法身活。」吾人的意識剎那生滅變化，如《大乘流轉諸有經》說：「前識滅時名之為死，後識續起號之為生。」我們每一時刻其實都在面對生死。意識的生死，念念生滅，如同瀑流，唯有「無念」，才能截斷生死洪流；若能體證緣起性空，則能「猶如木人看花鳥，何妨萬物假圍繞」，達到生死一如，不生不死的境地。故而《楞嚴經》又云：「前識滅時無有去處，後識續起無所從來。」

生命不是出生以後才有，也不是死了就算結束。死亡以後就像移民一樣，你到了另外的國家，只要你有生存的資本，只要你有功德法財，你換一個國土，又何必害怕不能生活呢？所以死亡並不可怕，死亡之後到那裡去才是最要緊的。

道元禪師說：「若生死中有佛，便能無生死。若知生死即涅槃之理，便能無可厭生死，亦能無可願涅槃，自是超脫生死。」如果我們能夠認清這個道理，斷惑證眞，覺悟生死同於涅槃的道理，自然不會受生死迷惑，而能安住於超越生死的藩籬，如此，縱死又有何懼呢？

《人間福報》二〇〇一年十月十五日

溝通的妙法

當前人類面臨一個重大的問題，就是要溝通。國與國不溝通，就會發起戰爭；人與人不溝通，就會產生誤會，就會發生衝突，就會勾心鬥角，所以要求得人際和諧、世界和平，溝通是不二法門。

溝通的條件，要讓對方感受到你的誠意，要讓他有被尊重的感覺；如果只是貪圖對方，而不能給他好處，給他歡喜，給他利益，溝通起來自然就會困難重重。

春秋戰國時代，諸多游俠說客行走在各國之間，他們必定要先從這個國家的利益著想，才能讓王侯聽了中意。近代美國國務卿歐布萊特是一介女流，在柯林頓當上總統以後，因爲她善於溝通，因此請她擔任國務卿；台灣行政院秘書長王昭明，因爲善於溝通，故而歷經五、六任行政院長的異動，他都一直沒有調職。

一個溝通者，所必須具備的條件，除了要學養豐富，熟知歷史，舉證確實，言語簡潔有力，深具幽默感之外，尤其態度要誠懇，能夠先給人一句好話，一個微笑，一個讚美，才能讓對方感動，而不是只想說服對方。

今年國際風雲迭起，兩岸政局多變，台灣的內政缺乏溝通人才，所以才會紛擾不寧。今日的科學家發明了許多科學用品，研發了許多醫療藥物，但都不及倡導溝通的力量，因爲這個世界必需要交流，必需要大家相互了解，相互體諒尊重，才能獲致和平。

所以現在世界上不斷舉行各種會議，例如經濟上有經貿會議，外交有外交協議，政治有高峰會議，宗教也有宗教對談等。一切的溝通，都要本著「世界一家」的思想；唯有抱持「天下爲公」思想的人，才肯到談判桌上大家協商。如果沒有民主平等的觀念，傲慢、偏激、夜郎自大，那裡能跟人溝通呢？

梵蒂岡的教宗呼籲世界和平，但是，蘇聯的獨裁者史達林卻問：教宗有多少軍隊？可見他是以武力相向，不肯從溝通上建立和平，所以史達林窮兵黷武，到最後導致蘇聯貧困垮台。

現在世界上有好多地方需要從溝通上來解決問題，例如中國海峽兩岸的問題，南北韓三十八度線的問題，中東的以阿糾紛，南非的種族問題，乃至世界各地的暴動等等，就是缺乏溝通所致。

溝通不能預設立場，溝通要能站在對方的立場著想，溝通要聽得見對方的聲音；溝通就好像跳探戈，彼此要能互進互退。很多的人際關係劍拔弩張、仇恨敵視，都是由於溝通不良。所以，好鬥的民族，極需要溝通學。

家和萬事興，這個家庭必定有良好的溝通；社團眞能爲民謀福，這個社團必定有良好的溝通；國家政通人和，這個國家必定也是有良好的溝通。溝通之道，要有平等的觀念，還要雙方能互換立場，相互尊重，相互體諒。總之，要想獲致世界和平，不能不重視溝通之道。

《人間福報》二〇〇一年十月十六日

戰勝心魔

魔鬼，人人害怕。但是，魔也不一定都是面露猙獰、醜陋可怕的樣子，魔有時候也會展現出美麗可愛的姿態。聊齋裡的狐鬼，不是經常都化妝得千嬌百媚，哪裡一定都是可怕的樣子呢？

魔，也不一定是仇視我們的，父母兄弟姊妹障礙我們的前途，他們哪裡是仇視我們嗎？魔，也不一定用很兇惡的手段來對付我們，醇酒美女、煙槍毒品，哪裡都是可怕的刀劍呢？魔，也不一定是外在的、邪惡的、仇視我的人物，內心裡烏煙障氣的瞋恨嫉妒，不也是魔嗎？

吾人，不時的給魔左右牽擾，所謂天人交戰的時候，不就是外力的魔和內在的魔在聲氣相通，共同合作來降伏我的成就和尊嚴嗎？所謂魔，就是障礙我們道心、道念、道氣的反派東西。不管是美的、是醜的、是可愛的、是可瞋的，只要是障礙我們的，只要是讓我們陷身於不拔之地的，都是魔的力量也。

金錢的陷阱是魔，愛情的誘惑是魔。佛教把欲列爲四魔之一，魔是有蓋天蓋地的力量，魔會向我們的意志、道心不時的挑戰，經常都要看究竟是鹿死誰手，誰勝誰負？

明白的說，魔就是煩惱，我們一定要生而勇敢，因爲不管你在那種地位，哪種年齡，哪種家庭，你長大成人要求成功，就必須和魔力奮鬥。魔也不是獨自一人，所謂魔子魔孫，凡是誘惑的，凡是阻礙的，凡是障道的，凡是想要破壞我們尊嚴的，都是魔。

當初佛陀就是經過降魔，才能成道。自古聖賢，若不降伏外魔，怎麼能成為聖人君子呢？我們從《聊齋誌異》裡，看到多少魔鬼化作千嬌百媚的美人，戕害了多少有為的白面書生。所以吾人生存於世，一定要用善性對惡性，要用佛心對魔力，要用慧眼看魔世，要用精進心掃除煩惱障礙。

世間之上，是好是壞，不是我們肉眼凡夫能夠看得清楚，必需要用信仰、聖典、教法，才能洞徹魔的世界；要用定力、慧力、信力，才能降魔。

魔在哪裡？魔不在遠處，魔就在我們的身邊。

《人間福報》二〇〇一年十月十七日

學習聽話

希臘哲學家蘇格拉底非常善於演說，他以教人如何講話爲職。有一天，一位青年前來向他請教演說之道。青年侃侃而談演說如何重要云云，蘇格拉底等他說了半天以後，向他索取兩倍的學費，青年問爲什麼？蘇格拉底說：「因我除了要教你講話以外，還要教你如何不講話！」

會說話難，會聽話更難！學習聽話，也是人生重要的一課。會聽話，就是要把話聽懂，把話聽全，把話聽了有用，尤其要能舉一反三，觸類旁通，從一句話衍繹出更多的意義，這才是眞正的會聽話。

一個人，從童年開始就要學會聽父母的話，及長要學會聽老師的話，再來要能聽懂各行各業，各專家、長輩、前賢的話。在佛法裡，所謂會聽話，就是要諦聽、全聽、兼聽、善聽。聽話不能斷章取義，要能全聽，還要兼聽，也就是要多方面的聽，不能偏聽。聽話要懂得往好處想，這就是善聽；聽話要懂得分析，不能囫圇吞棗，這就叫諦聽。

聽話，也要該聽則聽，不當聽則不聽；是非煩惱應該不聽，佛法眞理應該要聽。有人喜歡喜聽好話、聽諂言、聽是非，其實「非禮勿聽，非禮勿言」，有時無聲勝有聲。

有一個機場的塔台人員問飛行員：「請問你的高度、位置？」

飛行員：「我身高一八〇公分，現在正坐在駕駛座上。」

答非所問，就是不會聽話。

有一天，小張請教小王一個問題，小王解釋半天，小張依然似懂非懂，小王終於忍不住對小張説：「你七竅已經開了六竅。」小張聽了樂不可支，以爲小張是在誇獎他，其實他哪裡知道，小張是在損他「一竅不通」呢！

會聽話的人才能聽得懂「弦外之音」，會聽話的人才能聽得出「意在言外」。

聽比看重要！聽要耳聽八方，尤其要「聞善言要著意」，不要把別人的好話當耳邊風。學生上課，要專心聆聽才能受教，許多人考試成績不好，就是因爲不會聽話。所以，在學習的過程中，先要學習如何聽話，這是人生的一大課題。

《人間福報》二〇〇一年十月十八日

勇於嘗試

胡適之先生說：「大膽假設，小心求證。」自古成功在嘗試，勇於嘗試，這是成功的必經之路。

科學家在實驗室裡不斷的嘗試、嘗試，終於發現了聲光電波，改變了世界；農夫也在農田果園裡不斷的嘗試，結果稻麥增收了，水果長大了。現在的接種技術，大大提高了農業的收成。例如芒果和蘋果接種，可以產生另外一種水果的口味；棗子和芭樂接枝，品種改良後的棗子，碩大無比，可口而味甜。這一切都應該感謝許多勇於嘗試的人，他們讓自然科技不斷的進步。

探險家向高山大海裡探險，現在人類對於高山的形態，對於海洋的奧秘，眞是無有不曉。美國率先向月球去探索，甚至勇於向火星、木星及大自然去了解。世界就是因爲有這許多不怕艱難、不怕犧牲、勇於嘗試的人，因此讓我們多了知識，多了經驗，甚至多了時空。

複製羊、複製牛，不就是科學家們勇於嘗試，而將基因的奧秘呈現在我們眼前的嗎？基因的發現，不是證明了佛教三世業力論的學說嗎？照相機因爲前人勇於嘗試，如今可以照出三百六十度的照片；潛水艇因爲專家勇於嘗試，現在可以在水中一住就是數個月幾百天。現在人類因爲勇於嘗試，有人造雨，有人造花，有人造器官，有試管嬰兒的誕生，以後人類還眞有可能發展到「人人都是上帝」，人人都能創造世界。正如佛陀所說：人人都有佛性！人，眞是無有不能。

人的潛力無窮，只要肯努力，只要勇於嘗試，就有成功的希望。害怕攀登高峰的人，只能在窪地裡徘徊；勇於為別人開路的人，總是走在最前面的人。如果一件事沒有困難，也就沒有機會成長；因此面對困難的事，更要勇於嘗試。

勇於嘗試，並非盲目的橫衝直撞。所謂「寧走十步遠，不走一步險。」要成為一個成功者最重要的就是要有「別人能，我也能」的信念；唯有消除「不可能」的侷限，一切事才會變得有可能。

一個人一生如果從未跌倒，算不得光彩；每次跌倒以後，都能勇敢的再站起來，才是最大的榮耀。因此面對困難時，首先要去除做不到的心理障礙，再試著想出解決困難的辦法。一個人如果不敢勇於嘗試，不能承受失敗的痛苦，便得不到成功的喜悅。所以凡事要勇於嘗試，能夠面對事實，困難才會迎刃而解。

《人間福報》二〇〇一年十月十九日

國家圖書館出版品預行編目資料

和自己競賽／星雲大師著.---初版---臺北市：
香海文化出版, 2004〔民93〕
面：公分.－－（迷悟之間典藏版；6）
ISBN 978-957-2973-79-0（精裝）

1.佛教－語錄

225.4 93013826

和自己競賽 迷悟之間典藏版⑥

作者／星雲大師
發行人／吳素真（慈容）
主編／佛光山法堂書記室
香海文化編輯部
責任編輯／蔡孟樺
封面設計／妙松
美術編輯／鄭美玲
圖片提供／陳士侯、世界佛教美術圖典
出版者／香海文化事業有限公司
地址／台北市110信義區松隆路327號9樓
電話／02-27483302 傳真／02-27605594
劃撥帳號／19110467 香海文化事業有限公司
網址／http://www.gandha.com.tw
e-mail:gandha@ms34.hinet.net

總經銷／時報文化出版企業股份有限公司
地址／台北縣中和市連城路134巷16號5樓
電話／02-23066842
法律顧問／舒建中、毛英富
登記證／局版北市業字第1107號
2004年09月初版一刷 2005年07月初版四刷
2009年01月初版五刷 2013年05月初版六刷
全套定價／3000元整 單本定價／300元整
ISBN／978-957-2973-79-0